Hermann Lübbe

Freiheit statt Emanzipationszwang

Die liberalen Traditionen und das Ende der marxistischen Illusionen

EDITION INTERFROM

CIP-Titelaufnahme der Deutschen Bibliothek

Lübbe, Hermann:
Freiheit statt Emanzipationszwang: Die liberalen Traditionen und das Ende
der marxistischen Illusionen / Hermann Lübbe. —
Zürich: Edition Interfrom; Osnabrück: Fromm, 1991.
(Texte + Thesen; Bd. 233)
ISBN 3-7201-5233-2

Vertrieb für die Bundesrepublik Deutschland:
VERLAG A. FROMM, Osnabrück
Gestaltung: Zembsch' Werkstatt, München
Gesamtherstellung: Druck- und Verlagshaus Fromm, Osnabrück

Inhalt

Vorwort

Wieder einmal haben sich deutsche Intellektuelle verspätet. In Frankreich ging die marxistische Weltverbesserungsphilosophie bereits vor mehr als zehn Jahren in Konkurs. In Deutschland hingegen muß man auch heute noch immer wieder einmal Respekt vor dem tieferen Wahrheitsgehalt dieser Philosophie bekunden, wenn man im progressiven Feuilleton als kritischer Kopf anerkannt bleiben will.

Ist der real existent gewesene Sozialismus *trotz* oder *wegen* seiner schönen marxistischen Leitphilosophie gescheitert? Um diese Frage wird in Deutschland noch immer gestritten. „Ubi Lenin, ibi Jerusalem" — so fand einst der utopienfromme Ernst Bloch. Das ist vorbei. Nichtsdestoweniger existieren und schreiben unverändert viele deutsche Intellektuelle verblüffend realitäts- und gemeinsinnsfern. Man nimmt politisch nicht ernst, daß Alltagserfahrung realer Freiheit nicht zuletzt die Erfahrung funktionsfähiger freier Märkte ist. Man fordert immer noch, mit der Demokratisierung aller Lebensbereiche endlich Ernst zu machen, und man verweigert sich damit der Einsicht, daß Fortschritt in der Gewährleistung von Bürger- und Menschenrechten nicht zuletzt Ausweitung derjenigen Lebensbereiche bedeutet, die wir gerade nicht zur Disposition von politischen Entscheidungen in Parlamenten und Räten gestellt wissen möchten.

Noch immer gilt vielen die Feststellung, daß in der liberalen Demokratie Recht und Verfahrensordnungen „bloß formalen" Charakter haben, als Fundamentalkritik an dieser Demokratie. Sie verkennen, daß selbst der Streit um die Wahrheit nur frei bleibt, solange die Verbindlichkeiten der politischen Entscheidungen, denen wir unterliegen, gerade nicht auf verbindlicher Wahrheit, vielmehr auf Mehrheit beruht. Herkunftstreue gilt vielen noch immer als Beweis, daß man an intellektuellen und personalen Emanzipationsdefiziten leide. Aber damit erklärt man die Revolutionen des Europäischen Jahres 1989 zu Konterrevolutionen. Worum ging es denn in der politischen Selbstbefreiung der Menschen in den Ländern des ehemaligen Ostblocks? Es ging um nationale politische Selbstbestimmung, um Wiedergewinnung von Freiheiten religiösen Lebens und um kulturelle Selbstbehauptung in regionalen Herkunftsräumen und um das Recht zur rechtfertigungsfreien Entfaltung individueller Interessen. Nicht in der Fähigkeit, alles zur Disposition zu stellen, vollendet sich doch die Freiheit des politischen Subjekts, sondern in der Gewinnung und Behauptung seines Rechts, in den Grenzen des analogen Rechts anderer sein herkunftsgeprägtes nationales, religiöses und kulturelles Anderssein nicht zur Disposition stellen zu müssen.

Ohne die Anerkennung dieses Rechts bliebe auch der Prozeß der politischen Einigung Europas chancenlos, und die Deutschen sind wohlberaten, den übrigen Europäern nicht mit utopischen Vorstellungen einer Zukunftsgesellschaft traditionsentschlackter vollemanzipierter Subjekte lästig zu fallen.

Die zehn Kapitel dieses kleinen Buches plausibilisieren die angedeuteten Thesen und leisten so einen Beitrag zur Auseinandersetzung zwischen liberalen und illiberalen politischen Orientierungen. In der politischen Realität, so scheint es, ist diese Auseinandersetzung bereits entschieden. Aber die progressive Intelligenz führt noch Nachhutgefechte.

Zürich, Frühjahr 1991

Hermann Lübbe

Lebensvorzüge freiheitlicher Ordnung

In die Erinnerung künftiger Generationen wird unser Jahrhundert nicht zuletzt als das Jahrhundert der großen totalitären Mächte eingehen. Nachdem die Diktatur der Nationalsozialistischen Deutschen Arbeiterpartei bereits vor fast einem halben Jahrhundert in dem von ihr selbst angezettelten Zweiten Weltkrieg gescheitert ist, sind wir am Ende unseres Jahrhunderts Zeitzeugen rasch fortschreitender Selbstauflösung des totalitären Internationalsozialismus marxistisch-leninistischer Prägung. Die Prinzipien freiheitlicher Demokratie haben demgegenüber ihre Geltung behauptet und gewinnen an Attraktivität bei den Völkern in ihrer Suche nach zukunftsfähigen, nach-totalitären politischen Lebensordnungen.

Der bekannte Kölner Staatsrechtler Martin Kriele schrieb vor wenigen Jahren ein Buch mit dem Titel „Die demokratische Revolution", kündigte einen neuen Schub im Fortgang dieser Revolution an und machte Gründe ihrer Unaufhaltsamkeit geltend. Wie der Film zum Buch werden heute dem Autor die Bildschirmberichte über die erstaunlichen Vorgänge in Ost- und Mittelosteuropa vorkommen. Hier soll die Frage erörtert werden, inwiefern die moderne Industriegesellschaft mit ihren Ansprüchen, Leistungen und Gefahren die Zukunft der Freiheit beeinflußt. Ich beschränke mich in diesem Zusammenhang auf zwei Thesen:

1. Die moderne Industriegesellschaft ist wie keine Gesellschaft zuvor für ihre eigene Entwicklung wie zur Bewältigung ihrer immanenten Gefahren auf Freiheit angewiesen, und sie erzwingt daher, politisch und rechtlich, die Gewährleistung dieser Freiheit.

2. Die moderne Industriegesellschaft ist, langfristig gesehen, nicht durch einen Mangel an Freiheit gefährdet,

vielmehr durch anwachsende Schwierigkeiten, die wir haben, aus Freiheit Sinn, näherhin Lebenssinn zu machen.

Beide Thesen bedürfen der Erläuterung. Zur Begründung der ersten These bietet es sich an, zunächst einmal die Gründe zu widerlegen, die man in der politischen Kulturkritik der modernen Industriegesellschaft seit langem zur Plausibilisierung der Gegenthese aufzubieten pflegt. Die hier gemeinte politische Kulturkritik will wissen, daß die moderne Industriegesellschaft kraft ihrer Eigengesetzlichkeit nicht freiheitsmehrend, vielmehr freiheitsverzehrend wirke. Als Schriftsteller hat wie kaum ein anderer George Orwell diese These populär gemacht. Orwell hatte ja in seiner Schreckensutopie von 1948 für das Jahr 1984 weltweite totalitäre Herrschaft in eindrucksvollen Schilderungen angekündigt. Orwells Beschreibungen sind sehr präzis. Sie sind anschauungsgesättigt und erfahrungsbewährt. Sie sind überdies in erstaunlicher ideologischer Unvoreingenommenheit indifferent gegenüber den Unterschieden zwischen rechtsgewirkten und linksgewirkten Totalitarismen, die im übrigen natürlich wichtig bleiben.

Interessant ist unter dem Aspekt unseres Themas vor allem, daß bei Orwell just die technischen Instrumentarien, wie sie die moderne Industriegesellschaft zur Verfügung gestellt hat, als Medien der Perfektionierung totalitärer Herrschaft vorgestellt werden. Moderne Radiotechnik macht die Allgegenwart des Großen Bruders möglich. Seinem überwachungstechnisch instrumentierten Blick kann niemand sich irgendwo entziehen. Perfektion in der drucktechnischen Objektivierung von Information sowie die Leistungsfähigkeit der technischen Systeme ihrer Verbreitung erlauben es, so macht Orwell plausibel, erstmals in der Geschichte der Menschheit die Vergangenheit permanent den Erfordernissen der Gegenwart anzupassen, nämlich durch ihre nach jeweils aktuellen politischen Erfordernissen erfolgende Umschreibung. Nachdem so das kollektive Gedächtnis technisch disponibel gemacht worden ist, bedarf es zusätzlich vollendeter Verfügungsgewalt auch über das individuelle Gedächtnis. Hierfür steht das altbewährte Instrumentarium der Foltertechnik zur Verfügung, die bei Orwell freilich psychotechnisch auf den neuesten Stand gebracht ist. Sie bewirkt nicht nur — das war, sozusagen, der alteuropäische Stand der Dinge — den Zusammenbruch des psychischen Widerstands wider das angesonnene Bekenntnis zur zeitgeistkonformen Wahrheit. Sie rekonstruiert vielmehr das Subjekt, das heißt, sie macht ein anderes aus ihm, und aus dem Subjekt mit seinen residualen privatistischen Neigungen und seinen Schwächen wird ein glühender Gläubiger der wahren Lehre und ein Liebhaber ihres allweisen großen Lehrers. Technisch perfektionierte Propaganda macht Realität und Fiktion ununterscheidbar. So läßt sich hochmotivierende Überzeugtheit verbreiten, gefährlichen Machenschaften eines letzten, noch nicht ganz überwundenen großen Feindes ausgesetzt zu sein.

Mit solchen Schilderungen ließe sich lange fortfahren. Es versteht sich, daß Orwells totalitäre Welt eine Welt des zentralplanungswirtschaftlich erzeugten Mangels ist — vom Schnürsenkelengpaß über den Rasierklingenfehlbedarf bis hin zum Victory-Gin von Fuselqualität oder zur Nötigkeit, Kaffee und echten Kaffee zu unterscheiden.

Orwells Roman, der die moderne Industriegesellschaft in ihrer totalitären Vollendung beschreibt, entstammt der Frühzeit des kalten Krieges. Inzwischen haben die Repräsentanten der Hauptmächte, die in diesem Krieg gegeneinander standen, sein definitives Ende ausgerufen. Um so verblüffender ist, daß nichtsdestoweniger Orwells Schreckensutopie erst in unseren Jahren auf den Höhepunkt ihrer Wirkungsgeschichte gelangt ist. Das Orwell-Jahr 1984 war ein Medienereignis ersten Ranges, international, und nichts hat die Kommentatoren damals mehr beschäftigt als Orwells Technik-Philosophie. In mehreren Ländern argumentierten Bürgerinitiativen gegen die Einführung maschinenlesbarer Personalausweise mit Rekurs auf Orwells Warnungen, die sich, wie man sähe, als sehr berechtigt erwiesen hätten. Staatlich-administrative Nutzung der Datenverarbeitungstechnik werde den Bürger zum gläsernen Bürger machen und das Ende der Privatheit bewirken. Francis Bacons urtechnokratischer Satz, Wissen sei Macht, wurde im Licht Orwellscher Technik-Philosophie semantisch umgedreht und statt auf Naturbeherrschung auf Menschenbeherrschung bezogen, und sogar Ämter für Statistik gerieten in den Geruch, die Bürokratie solcher Beherrschung zu sein. Entsprechend wurde, wie man das in der Bundesrepublik Deutschland erlebt hat, Volkszählungsboykott zur Gewissenspflicht widerstandsbereiter Bürger erklärt. Wider die elektronischen Medien erhob sich der Verdacht, sie würden im Endeffekt als Instrumentarien der Manipulation öffentlicher Meinung eingesetzt. Von der Einführung des Kabelfernsehens mit seinem Unterhaltungsangebot auf mehr als einem Dutzend Kanälen befürchtete man den Verfall politischer Urteilskraft. Die technischen und ökonomischen Imperative des industriegesellschaftlichen Systems brächten sich als Sachzwänge zur Geltung, die keinerlei alternative Optionen offenlassen. Die Macht dieser industriegesellschaftlichen Sachzwänge „kolonisiere" herkunftsgeprägte Lebenswelten, löse die in diesen Lebenswelten gewachsenen individuellen und kollektiven Identitäten auf und ersticke den Reichtum der

Kulturen unter dem Zivilisationsfirnis der in ihrer Evolution von Kapitalverwertungsinteressen diktierten Industriegesellschaft.

Auf das zuletzt genannte Argument, die moderne Industriegesellschaft unterwerfe den Reichtum individueller und kollektiver Lebenskultur ihren homogenisierenden Sachzwängen und beraube so die Lebenskultur ihrer Freiheit, ist später noch einmal zurückzukommen. Zunächst ist mit einigen wenigen Hinweisen zu zeigen, wieso die industriegesellschaftlichen Entwicklungen, konträr zur düsteren Prognostik Orwells, sogar auf die Totalität totalitärer Systeme sich zersetzend und so freiheitsbegünstigend ausgewirkt haben. Orwell hatte behauptet, die moderne Informationstechnologie begünstige die Errichtung politischer Informationsmonopole. In Wahrheit ist das Gegenteil der Fall. Elektronische Wellen lassen sich durch Zäune, Stacheldrahtverhaue und Mauern nicht aufhalten. Die Wirksamkeit von Störsendern bleibt begrenzt. Fernsehsatelliten bestreichen großräumig totalitär beherrschte Regionen und wirken als Ferment der Zersetzung. Man kann billigerweise nicht zweifeln: Der Verfall des Systems des marxistisch-kommunistischen Sozialismus ist nicht zuletzt durch Wirkungen nicht mehr kontrollierbarer Informationsmedien begünstigt worden.

Hinzu kommt, daß mit der fortschreitenden Wissenschaftsabhängigkeit der industriellen Produktion auch in den sozialistischen Ländern die sogenannten Reisekader, das heißt die Gruppe der Personen, denen man Auslandskontakte und Auslandsreisen gestatten muß, fortschreitend zu vergrößern waren. Immer mehr Menschen waren daher in der Lage, aus eigener Anschauung den Betrugscharakter jener Propaganda zu durchschauen, die das sozialistische System in den Himmel hob und den sogenannten Kapitalismus zur Hölle erklärte. Komplementär dazu nahmen die Chancen totalitärer Bewußtseinskontrolle ab.

Schließlich setzt, wie Orwell lehrt, das totalitäre Informationsmonopol nicht nur die politische Beherrschung aktueller Information, vielmehr überdies auch die politische Kontrolle vergangener Information voraus. Diese muß indessen aus prinzipiellen Gründen um so unvollkommener bleiben, je größer der propagandistische Aufwand war, über den man früher einmal erwünschte, inzwischen aber unerwünscht gewordene Informationen verbreitet hatte. Exemplarisch heißt das: Als Lenin noch lebte, war die Verbreitung eines Bildes von ihm höchst erwünscht, das ihn uns in schöner Rednerpose auf einem Podium zeigt, an dessen Fuß Trotzki wie Stalin zu sehen sind. Als dann Stalin die Macht ergriffen hatte, war ihm das fragliche Lenin-Bild zu Zwecken der ideologischen Legitimation höchst willkommen, aber selbstverständlich ohne den inzwischen politisch erledigten Trotzki. Entsprechend wurde nun das fragliche Bild mit dem wegretuschierten Trotzki verbreitet. Indessen: Der Rückruf des millionenfach propagandistisch verbreiteten unretuschierten Bildes konnte aus prinzipiellen Gründen nicht vollständig gelingen. Wo es dann zufällig doch einmal auftauchte, bewirkte es zwangsläufig Glaubwürdigkeitsverluste. Im faschistischen Italien ist übrigens eine ähnliche Geschichte passiert. Die Älteren mögen sich noch an jenes pompöse Bild erinnern, das uns auf einem Roß mit hocherhobenem Schwert Mussolini als „Schutzherrn des Islam" zeigt. Im Original zeigte aber das Photo überdies einen Stallburschen, der für alle Fälle das Roß am Zügel hielt — eine Szene von nicht gerade heroischer Anmutungsqualität. Entsprechend wurde der Stallbursche wegretuschiert und das so imperial gemachte Photo millionenfach propagandistisch verbreitet. Aber die Beseitigung des ungleich weniger imperialen Originals gelang nicht vollständig. Unterderhand blieb das Bild des stallburschenbetreuten Duce verbreitet, und die Römer hatten zu lachen.

In der Konsequenz heißt das: Mit der Transformation der Gesellschaft in eine sogenannte Informationsgesellschaft — und das ist in letzter Instanz ein technisch bedingter Vorgang — werden auch in totalitären Systemen die Chancen perfekter Vergangenheitskontrolle als wesentlicher Voraussetzung für die Erfüllbarkeit der Prätention historisch unverbrüchlicher Konstanz ideologischer Wahrheit immer geringer.

In der Zusammenfassung bedeutet das: Es mag gute Gründe geben, den Totalitarismus unverändert zu den keineswegs erledigten Gefahren politischer Entwicklungen zu zählen, auf die wir, um sie abzuwehren, gegenwärtig eingestellt bleiben müssen. Aber es ist nicht wahr, daß die technische Evolution als solche die Wahrscheinlichkeit dieser Schrecken erhöhte. Insoweit ist das Gegenteil richtig. Überdies gilt, daß die Information, die man zur rationalen Organisation moderner industriegesellschaftlicher Produktion und Distribution benötigt, sich im System einer Zentralverwaltungswirtschaft fortschreitend weniger gut beschaffen und an die Stellen bringen läßt, wo man sie benötigt. Das und nicht plötzlich vollerwachter Sinn für die Geltungsansprüche freiheitlich verfaßter Demokratie hat dann auch die Politik der Perestroika erzwungen. Gorbatschow, den die Amerikaner immerhin zum Mann des Jahrzehnts gewählt haben, hat als erster die politischen Konsequenzen aus der Einsicht gezogen, daß die Konkurrenzfähigkeit des leninistisch-stalinistischen Gesellschaftssystems auf dem Gebiet der Panzer-, Kanonen- und Massengüterproduktion durchaus gegeben ist, aber dauerhaft eben nicht auf den heute entscheidenden

Sektoren der Hochtechnologie oder auch der sich an differenzierten Bedürfnissen orientierenden Konsumgüterproduktion. Die Konsequenz dieser Einsicht ist erheblich. Sie erzwingt den Abschied vom altmarxistischen Ideal der Identität individueller und kollektiver Interessen als zentralplanwirtschaftlich verwalteter Interessen. Das bereitet nun auch in den Ländern des immer noch real existierenden Sozialismus der entscheidenden Einsicht in die ordnungspolitischen Bedingungen realer Freiheit den Boden, der Einsicht nämlich, daß die Freiheit als Freiheit von Individuen wie von Gruppen an Rechten hängt, die nicht zur Disposition des politischen Systems stehen. Freiheitsrechte sind diejenigen Rechte, in deren Inhaberschaft wir nicht majorisiert oder gar verbindlichen politischen Nutzungsdirektiven unterworfen sein möchten. Noch vor zwanzig Jahren nahmen viele intellektuelle Propagandisten eines „Sozialismus mit menschlichem Antlitz" an, daß die Gewährleistung von Menschen- und Bürgerrechten sich indifferent zur Alternative von marktwirtschaftlicher Ordnung einerseits und sozialistischer Zentralverwaltungswirtschaft andererseits verhalte. Seither hat die reale Entwicklung moderner Industriegesellschaften evident werden lassen, daß die Freiheit des wirtschaftlichen Handelns ein integraler Bestandteil jener Bürgerrechte ist, ohne deren Gewährleistung eine moderne Industriegesellschaft nicht einmal ihre materiellen Versorgungsleistungen zu erbringen vermöchte.

Sogar die ökologischen Herausforderungen, denen moderne Industriegesellschaften sich in rasch wachsendem Maße ausgesetzt finden, lassen sich in einem freiheitlich geordneten Gemeinwesen ungleich besser bestehen als in Systemen, die auch noch das wirtschaftliche Handeln tunlichst ohne Restrisiko in den politischen Prozeß einbezogen halten wollten. Es ist ja kein

Zufall, daß — sogar für den Laien sichtbar — die ökologischen Folgeschäden industrieller Produktion im real existierenden Sozialismus ungleich gravierender sind als unter ordnungspolitischen Voraussetzungen freiheitlicher Prägung. Es ist nicht schwer zu erkennen, wieso das so ist. Erstens läßt sich die außerordentliche Kraft wirtschaftlicher Interessen gerade in liberalen Systemen für die zwingenden Zwecke des Umweltschutzes mobilisieren, nämlich durch die bekannten ordnungspolitischen Maßnahmen, die wirtschaftlich interessiert machen, zu vermeiden oder zu tun, was auch aus ökologischen Gründen vermieden oder getan werden müßte. Zweitens sind die Zwecke des Umweltschutzes in einem freiheitlichen Gesellschaftssystem durch den Publizitätsfaktor begünstigt. Die Medien sind frei, jeden Umweltskandal an die große Glocke zu hängen. In einem System der real getrennten Gewalten sind eben die Instanzen, die an Vertuschung interessiert wären, mit den Instanzen, die den Zugang zur Öffentlichkeit haben, nicht identisch. Schließlich sind freiheitlich organisierte Industriegesellschaften nicht auf jene leninistische Ideologie permanenter Produktionssteigerung verpflichtet, die den Übergang vom Sozialismus zum Kommunismus von mangelbeseitigender industrieller Höchstproduktion abhängig weiß und daher der Steigerung der Produktion im Konfliktfall stets den Vorrang einräumt. Im „Kapitalismus" kann man sich daher zu den Zwecken des wirtschaftlichen Fortschritts pragmatisch verhalten und ist somit auch frei, ökonomischen Nutzen und ökologischen Nachteil — und das unter Kontrolle freier öffentlicher Meinung — common-sense-orientiert statt ideologisch gegeneinander zu gewichten und aufzurechnen.

Mit der Auflistung solcher Gründe, die die Lebensvorzüge freiheitlicher Ordnung für die Bewohner moderner Industriegesellschaften auch im verbliebenen Herrschaftsbereich des real existierenden Sozialismus fortschreitend zur Evidenz bringen, ließe sich lange fortfahren. Ich breche hier ab und erläutere nun noch in aller Kürze die zweite der eingangs formulierten Thesen. Sie lautete: Die moderne Industriegesellschaft ist, langfristig gesehen, nicht durch einen Mangel an Freiheit gefährdet, vielmehr durch anwachsende Schwierigkeiten, die wir haben, aus Freiheit Sinn zu generieren. „Freiheit" ist im Kontext dieser These nicht im emphatischen Sinne gebraucht, nämlich als Freiheit gewährleisteter Bürger- und Menschenrechte. Gemeint ist vielmehr jene Dispositionsfreiheit, die als reale Handlungsfreiheit von Individuen wie von Gruppen nie größer als in der modernen Industriegesellschaft war. Genau diese Freiheit läßt sich, krude, in Zeit und Geld ausdrücken. Aus der Sozialstatistik ist bekannt: Nie haben sich die Lebenszeiträume weiter gedehnt, in denen wir heute unser Leben frei von zwingenden Notwendigkeiten der Lebensfristung verbringen können. Nie war der Lebenszeitanteil größer als heute, in welchem wir sogar von den Anforderungen unseres Berufes entlastet existieren. Die kulturelle Thematisierung der Selbstbestimmung, ja der „Selbstverwirklichung", ist auf diese zivilisationsgeschichtlich ganz neue Lage die naheliegende, zwingende Antwort. Aus Freiheit Sinn zu machen — das ist die Herausforderung, unter die wir industriegesellschaftsabhängig geraten sind. „Selbstverwirklichung" als strahlender Stern am neuen Wertehimmel ist daher auch kein Indiz für kulturelle und moralische Dekadenzen, das uns kulturkonservativ besorgt zu machen hätte. Es ist vielmehr das Indiz einer überwiegend sehr geschätzten Freiheit zu selbstbestimmter Lebensführung, in die wir, durch Wohlfahrt von zahllosen Alltagsnöten entlastet, industriegesellschaftsabhängig eingebunden sind.

Eine schöne Blüte der Alltagskultur entfaltet sich vor unseren Augen in der gelingenden Annahme der Herausforderung zur Selbstbestimmung. Ich habe in anderen Zusammenhängen diese Blüte der Alltagskultur ausführlich beschrieben und kann mich daher an dieser Stelle mit der Benennung einiger Stichworte kurzfassen. Eine Renaissance der Gartenkultur hat sich ereignet. Gesundheitsdienliche sportliche Betätigungen summieren sich sozial zu Massenbewegtheiten. Das organisatorische Komplement dessen ist das blühende Vereinswesen, das in allen modernen Industriegesellschaften sich beobachten läßt, und zwar nicht nur im Sportbereich. Unabsehbar reich sind allein hier schon die Gelegenheiten zu fernsehfreier, sinnevidenter Abendverbringung mehrfach im Monat bei den Sitzungen der Vereinsvorstände. Es kann auch keine Rede davon sein, daß das erwähnte Fernsehen, wie Adorno vor fünfunddreißig Jahren befürchtete, die Lesekultur ruiniert hätte. Nach Titelmenge und Absatz- und Umsatzzahlen weist ja die größte Buchmesse der Welt in Frankfurt jährlich neue Rekordzahlen auf, und es wäre nichts als säuerliche Kulturkritik, unterstellen zu wollen, die Bücher würden gekauft, aber nicht gelesen. Zu Renommierzwecken eignet sich unsere Taschenbuchkultur, im Unterschied zu den Prachtbänden älterer Zeiten, ohnehin nicht. Und wirklich gelesen wird alles, was in den Zusammenhängen selbstverwirklichungsdienlicher Alltagskultur funktional nützlich, ja nötig ist: Gartenbauratschläge, Do-it-yourself-Literatur, Reisebücher und Wanderkarten, Pilzbestimmungsbücher und Mineralienkunde für Gebirgswanderer, Sprachlehrbücher in Ergänzung zu den frequentierten Volkshochschulkursen selbstverständlich, schließlich dann und wann auch die großen Romane aus Klassiker-Editionen, die kulturell nie verbreiteter als heute waren. Musik bedeu-

tenden Anspruchsranges ist überall elektronisch repro-
duzierbar. Auch aktiv wird sie von Bevölkerungsantei-
len, näherhin auch von Jugendlichen in einem Umfang
wie nie zuvor ausgeübt. Museen sind Stätten der Mas-
senattraktion. Die Zahl ihrer jährlichen Besucher erreicht die Zahl der Landesbewohner. So in allem: Die
kulturelle Vitalität, die Menschen befähigt, aus Freiheit
Sinn zu machen, scheint ungebrochen.
Wahr ist, daß die individuellen, auch familienspezifi-
schen, gruppenspezifischen und sonstigen herkunftsgeprägten Prädispositionen, von denen unsere heute wie
nie zuvor benötigte Selbstbestimmungsfähigkeit ab-
hängt, ungleich verteilt sind und auch durch sozial- und
bildungspolitische Maßnahmen nur in sehr begrenztem
Umfang gleichverteilt gemacht werden können. Entsprechend haben wir, komplementär zur Blüte der Alltagskultur, auch die mannigfachen Folgen mißlingen-
der Fähigkeit zur Selbstbestimmung zu beobachten —
von den immer noch zunehmenden gesundheitlichen
und sozialen Deprivationsfolgen des Alkohol-, ja Dro-
genabusus bis hin zur Lebensbedrückung, unter die
man bei passivistischer Lebensverbringung gerät. Wie
nie zuvor sind uns im modernen Lebenszusammenhang
auch die Fähigkeiten zur Sozialität abverlangt, Kom-
munikationsstärke und Kooperationsfähigkeit, und
auch für diese Kompetenzen gilt, daß sie von sozial ungleich verteilten Faktoren abhängig sind. Als Konsequenz ergibt sich, daß wir in der modernen Industriegesellschaft, in Abhängigkeit von ungleich verteilten Faktoren unserer Selbstbestimmungsfähigkeit, uns in unseren Kulturniveaus immer weiter voneinander weg entwickeln. Wir laufen nicht in eine homogene Massenge-
sellschaft hinein. Vielmehr differenzieren sich unsere
Kompetenzniveaus immer stärker aus, was eben auch
bedeutet, daß wir, komplementär zur skizzierten

Blüte der Alltagskultur, mannigfache Erscheinungsformen eines spezifisch modernen Sozialelends zu verzeichnen haben, das sich, nicht ausschließlich, aber nicht zuletzt in Abhängigkeit von verbreiteten Unfähigkeiten entwickelt, Freiheit als Lebenssinnchance zu ergreifen. Entsprechend wächst in unserer Gesellschaft die Menge derer, die ohne unsere Lebenshilfe, ohne unsere wirksame Solidarität nicht zu leben vermöchten. Und zu den schönen Seiten unseres Gegenwartslebens gehört auch dieses schließlich, daß die Zahl der Menschen wächst, die zu freiwilligen Hilfeleistungen ihren Mitmenschen gegenüber bereit sind. Damit möchte ich den Blick auf unsere industriegesellschaftsspezifische Alltagskultur geschlossen haben. Es war ein Blick, der, so hoffe ich, erkennen läßt, daß weit über die materiellen Aspekte unseres Gegenwartslebens hinaus die Industriegesellschaft sich aus naheliegenden, zustimmungsfähigen Gründen unverändert überwiegender Massenzustimmung erfreut.

Liberalismus und Zivilisationsdynamik

Liberale Prinzipien gehören zu den wichtigsten ordnungspolitischen und verfassungsrechtlichen Voraussetzungen moderner Gesellschaften. Die Geltung liberaler Grundsätze hat insbesondere die Dynamik in der Entwicklung der Industriegesellschaft freigesetzt. Inzwischen machen uns Folgeprobleme dieser Dynamik zu schaffen. Wird dadurch die Fortgeltung liberaler Prinzipien in Frage gestellt? Das Gegenteil ist der Fall. Es ist längst erwiesen, daß in liberaler Orientierung sich die Folgelasten industriegesellschaftlicher Modernität ungleich besser als in den konkurrierenden ordnungspolitischen Systemen zentralplanwirtschaftlichen Musters verarbeiten lassen. Es läßt sich plausibel machen, wieso das so ist.

„Der entfesselte Prometheus" — unter dieses vertraute mythische Bild hat der amerikanische Wirtschaftshistoriker David S. Landes seine eindrucksvolle Schilderung des Beschleunigungscharakters industriegesellschaftlicher Entwicklungen in Westeuropa seit 1750 gestellt. Einige wichtige Bestände, an denen diese Beschleunigung bis in ihre statistische Vermessung hinein sich exemplarisch ablesen ließe, sind rasch aufgezählt.

Erstens gehört dazu die dramatisch wachsende Menge erzeugter und verbreiteter wissenschaftlicher und sonstiger Informationen. Schon im 18. Jahrhundert spiegelt sich das in den Klagen der Intellektuellen über die von Buchmessentermin zu Buchmessentermin abermals angestiegene Titelflut. Informationsverarbeitungsprobleme hatte man auch schon vor zweihundert Jahren, und stets resultierte aus ihrer Lösung neues und zusätzliches Wachstum kulturell verfügbaren Wissens. So ist das bis heute geblieben.

Zweitens verkürzen sich in der Geschichte der Industriegesellschaft fortlaufend die Fristen zwischen theoretischer Neuerung und ihrer technischen Umsetzung sowie wirtschaftlichen Nutzung. Die Wissensproduktion selber wird schließlich technisiert, und die durch nutzbares Wissen ausgelösten ökonomischen Effekte steigern die Wissensproduktion abermals.

Drittens löst die Technisierung der Arbeit in Verbindung mit organisationstechnischen Neuerungen Produktivitätsschübe aus, das heißt, die Produktionsgeschwindigkeit oder die pro Zeiteinheit produzierbare Gütermenge wächst.

Viertens erzwingen die wirtschaftlichen Vorzüge der damit erreichbaren Produktionskostenabsenkung über Mechanismen der Konkurrenz auf Märkten die Teilnahme sich fortschreitend ausweitender Bevölkerungsschichten an Prozessen der Modernisierung. Die Innovationsfähigkeit von Individuen und Institutionen nimmt zu. Die Mobilitätsbereitschaft erhöht sich, zunächst jedenfalls, und desgleichen das durchschnittliche Bildungsniveau.

Fünftens wächst mit der Produktionsmenge sowie mit der Produktvielfalt die regionale und soziale Reichweite der Märkte.

Sechstens expandiert damit der Transport, der in mengenmäßiger wie in räumlicher Hinsicht die Erhöhung der Transportgeschwindigkeit zur Voraussetzung hat. Entsprechend gehört der Eisenbahnbau, wie man weiß, als Stimulans wie als Infrastrukturbedingung zu den wichtigsten Medien des Industrialisierungsprozesses seit dem zweiten Drittel des 19. Jahrhunderts.

Siebtens schließlich macht die Dynamik der Industrieevolution eine ganz neue Technik und Kultur der Zeitnutzung unumgänglich. Regional und temporal großräumige Verkehrssysteme erfordern normierte Standardzeit. Die Uhr wird allgegenwärtig. Die Tugend der Pünktlichkeit ist nun nicht mehr allein Königen abverlangt, vielmehr, bei Strafe des Selbstausschlusses von sozialen Kooperationschancen, jedermann. Die Zukunftszeiträume, die bereits gegenwärtig durchorganisiert werden („Planung"), expandieren, und der Anteil der Zeitgenossen nimmt ab, die ohne Taschenkalender zu leben vermöchten. Die Assoziation „Hetze" will sich einstellen. In Wahrheit ist der uns heute abverlangte rationale Umgang mit Zeit die entscheidende Voraussetzung ihrer Vermeidung.

Die ordnungspolitische und juridische Geltung liberaler Prinzipien hat mehr als alles andere die skizzierte Dynamik in der Entwicklung der Industriegesellschaft begünstigt. Freiheit der Wissenschaft, Freiheit der Meinung und Freiheit der Presse transformieren die Gesellschaft in eine Informationsgesellschaft in medial eröffneten Räumen wissenschaftlicher und politischer Öffentlichkeit. Die wirtschaftliche Nutzung technisch und organisatorisch steigerungsfähiger Produktivität setzt die Emanzipation aus den Fesseln zunftmäßiger Ordnung voraus. Marktfreiheit und Freiheit des Eigentums verflüssigen Standesgrenzen. Auch freie Bildung trägt zur Auflösung von Privilegien aus ständischen Zugehörigkeitsverhältnissen bei. Über Rechte der Freizügigkeit entfalten sich jene Migrationsprozesse, ohne die sich Industriereviere sozial nicht hätten entwickeln können.

Es ist wahr: Die Proletarisierung wachsender Bevölkerungsanteile ist die Kehrseite dieses Vorgangs gewesen. Nichtsdestoweniger ist es ein historischer Mythos, daß die Geschichte der Industrialisierung bis tief in unser eigenes Jahrhundert hinein eine Sozialgeschichte progressiver Verelendung gewesen sei. Die Geschichte der Armut lehrt: Erst die Industriegesellschaft hat die

Überwindung der Massenarmut möglich gemacht — was ausgedehnte Zonen und Zeiten spezifisch modernen Sozialelends freilich nicht ausschließt. Die historisch beispiellose Dynamik in der Entfaltung der Industriegesellschaft bliebe ein Mirakel, wenn sie gemäß der originären Marxschen Prognose nur die Reichen reicher und einen wachsenden Anteil der Armen immer nur ärmer gemacht hätte. Das Gegenteil ist der Fall gewesen, und die Dynamik der industriellen Evolution erklärt sich aus der Evidenz der mit ihr verbundenen Lebensvorzüge.

Aus dieser Perspektive erkennt man auch den vermeintlichen Anschein der Unvereinbarkeit liberaler und sozialstaatlicher ordnungspolitischer Grundsätze als puren Schein. Ansprüche auf Gewährleistung dessen, worauf man zur Fristung des Lebens in Lebenslagen der Hilflosigkeit angewiesen ist, bringen sich in jeder Gesellschaftsordnung zur Geltung. Ohne Leistungen aus solidarischer Verpflichtung anderer ist kein Individuum existenzfähig. Gewiß gibt es wohlfahrtsstaatliche Regelungen, von denen eine entsolidarisierende Wirkung ausgeht, nämlich die Verführung, Solidargemeinschaften zum eigenen Vorteil auszunutzen. Davon bleibt unberührt, daß das Verlangen nach sozialer Sicherheit zu den stärksten Motiven gehört, über die heute die Menschen in ihrer Arbeit der Industriegesellschaft verbunden sind. Überall, wo es gelungen ist, die singuläre wirtschaftliche Effizienz liberaler Ordnung auch sozialstaatlich überzeugend zu nutzen, sind die sozialen Interessen in eins zu Interessen der Erhaltung des liberalen Ordnungsrahmens geworden, auf den man zur optimalen Bedienung dieser sozialen Interessen angewiesen ist.

Inzwischen, so scheint es, wird die Genugtuung über die evidenten Lebensvorzüge der modernen Industriegesellschaft durch Sorgen angesichts ihrer Folgelasten überboten. Für die ökologischen Probleme gilt das zumal, und die Frage ist längst gestellt, ob angesichts der Herausforderung dieser Probleme eine an liberalen Grundsätzen orientierte Gesellschaftsordnung überhaupt zukunftsfähig sei. Es ist weder ungerecht noch polemisch, wenn man die Antwort auf diese Frage im Ausgang von einem einschlägigen Vergleich der sozialistisch geordneten Industriegesellschaften mit den liberal verfaßten, hochentwickelten Gesellschaften des Westens sucht. Unverkennbar ist die Tristesse östlicher Industriewelten ungleich größer als die ihrer Gegenwelten diesseits der Mauern und Stacheldrahtzäune, hinter denen der real existierende Sozialismus sich verschanzt hat. Das gilt auch in ökologischer Hinsicht. In Nordböhmen oder auch in Krakau genügt der Touristenblick, um das zu erkennen.

Demgegenüber lassen sich in liberalen Systemen die Kräfte des Eigeninteresses, die sich ökologisch schädigend auswirken müßten, durch ordnungspolitische Maßnahmen auf Zwecke des Gemeinwohls beziehen. Die These ist nicht, daß auf diese Weise allen ökologischen Notwendigkeiten entsprochen werden könnte. Die These ist bescheidener die, daß unsere Chancen wachsen zu tun, was angesichts der Folgelasten industriegesellschaftlicher Entwicklungen das Gemeinwohl erfordert, wenn es gelingt, die individuellen alltagspraktischen Interessen der Menschen mit den Interessen des Gemeinwohls konform zu machen, ohne dafür zuvor Menschen in neue Menschen verwandelt haben zu müssen. Die liberale Ordnung ist nach Ursprung und Wirkung nichts anderes als dieses Konzept, die individuellen Interessen, ohne sie aufzuheben, mit dem Gemeinwohl kompatibel zu machen und eben dadurch das Gemeinwohl zu fördern.

Die Dynamik der industriellen Entwicklung läßt technische Infrastrukturen heute global expandieren. Die technische Zivilisation, so hat man gesagt, legt sich herkunftsneutral über unsere herkunftsgeprägten Lebenswelten. Haben wir mit der Entwicklung einer industriegesellschaftlichen Einheitskultur zu rechnen, in der verschwindet, was uns herkunftsabhängig bis heute im Verhältnis zueinander jeweils andere sein läßt? Die Sorge ist unbegründet. Je mehr in der Tat die relative Menge dessen anwächst, was wir in der modernen Welt über große Räume hinweg zivilisationsspezifisch miteinander teilen, um so kräftiger prägt sich zugleich bis in die politischen Lebenszusammenhänge hinein das Interesse aus, uns in der Individualität unserer kulturellen Lebenswelten von der Sprache bis zur Konfession oder Religion zu behaupten und unsere jeweiligen besonderen geschichtlichen Erinnerungen sowie die speziellen Formen unseres politischen Zusammenlebens zu bewahren. In Abhängigkeit von der zivilisatorischen Evolution rückt die Welt in der Tat zusammen, und das bedeutet, daß wir einander wie nie zuvor als Verschiedene gegenwärtig sind. Nicht Unifizierung, vielmehr Pluralisierung ist die liberale Antwort auf die expansiven Tendenzen der Industriegesellschaft. Nicht zufällig nimmt die Intensität regionalistischer Bewegtheiten komplementär zu den industriegesellschaftlichen Modernisierungsprozessen zu; sogar in traditionellen Einheitsstaaten wächst der Sinn für die Vorzüge kultureller und politischer Freiheitsspielräume föderaler Ordnung.

Auf einen allgemeinen Grundsatz gebracht, besagen diese nur scheinbar gegenläufigen Tendenzen: Mit der Expansion des Umkreises unserer realen Abhängigkeiten voneinander und der damit gegebenen Vereinheitlichung unserer Lebensbedingungen wächst das Interesse, sich im übrigen unabhängig zu behaupten. Modernisierungsprozesse sind generell durch diese beiden sich komplementär zueinander verhaltenden Tendenzen geprägt, und stets war es die Funktion liberalen Rechts, dieses Komplementärverhältnis entfaltungsfähig zu halten.

Worüber man nicht abstimmen kann: Grenzen des Volkswillens in der liberalen Demokratie

Nicht wenige halten den Liberalismus für eine politische Philosophie, die privatwirtschaftliche Interessen auf Grundsätze bringt. Das ist nicht falsch, aber es ist zu kurz gegriffen, und es hieße die Geltung der Grundsätze des Liberalismus schwächen, wenn man es hinnähme, daß der Bereich dieser Geltung auf den Bereich des wirtschaftlichen Handelns eingeschränkt bliebe. In letzter Instanz ist, seiner Herkunft nach, der Liberalismus nicht in ökonomischen, vielmehr in religiösen Interessen verwurzelt.

Liberale Grundsätze politischen Zusammenlebens sind zuerst als Antwort auf die Herausforderung durch die Erfahrungen des konfessionellen Bürgerkrieges formuliert worden. Worum ging es? Mit den Glaubenswahrheiten als Wahrheiten des Heils verband sich, naheliegenderweise, der Anspruch, daß auch die Einheit des Gemeinwesens auf die Einheit aller in Bekenntnis und Anerkenntnis dieser Wahrheiten zu gründen sei. Aber genau dieser Anspruch muß mit unüberbietbarer Radikalität die Einheit des Gemeinwesens, ja den Frieden zerstören, wenn Konsens in Beantwortung der Frage, was denn das wahre Bekenntnis sei, sich faktisch nicht mehr herstellen läßt. Je größer der Eifer im Bemühen ist, den Bürgerfrieden aus der Einheit der Glaubenswahrheit zu erneuern, um so heilloser wird der Friede zerrüttet.

Die liberale Antwort auf die Herausforderung dieser Lage lautet: Der im Zerfall der Glaubenseinheit der Bürger zerstörte Friede läßt sich nur wiederherstellen, indem der Wille zum Frieden über den Willen zum politischen Triumph der Glaubenswahrheit seinerseits triumphiert. Schlichter ausgedrückt heißt das: Bekenntnis und Bürgerpflicht sind zu entkoppeln. Die Plausibilität dieser Antwort ist eine Folge unserer Gewöhnung an ihren Erfolg. Wie wenig selbstverständlich sie im Zeitalter der europäischen konfessionellen Bürgerkriege war — daran mag uns der traditionelle Sinn der Toleranzforderung erinnern. „Toleranz" hieß: Praxis der Duldung eines konfessionellen Abweichlertums, auf das ein Rechtsanspruch keineswegs eingeräumt war, das man also wegen der erwiesenen Renitenz der Sektierer und Ketzer hinnahm, um Schlimmeres zu verhüten. Erst in der Überbietung der Toleranzpraxis durch die Erklärung der Religionsfreiheit wurde das konfessionelle Abweichlertum in den Status eines subjektiven, das heißt einklagbaren Rechts erhoben und damit eines der klassischen liberalen Grundrechte konstituiert.

Vielleicht wird manchem diese Erinnerung an den Ursprung liberalen politischen Denkens aus dem europäischen Glaubensstreit inaktuell vorkommen. Indessen: Erst vor knapp drei Jahrzehnten hat die römische Kirche, nachdem sie im 19. Jahrhundert in mannigfache Auseinandersetzungen mit dem Liberalismus und in Kulturkämpfe verstrickt gewesen war, im II. Vaticanum das liberale Rechtsinstitut der Religionsfreiheit grundsätzlich anerkannt. Dahinter steckt nicht zuletzt die Erfahrung, daß ohne verfassungsmäßige Geltung dieses Rechts, das insbesondere die USA von Anbeginn dieses Staates wesentlich mitgeprägt hat, sich hier die katholische Kirche kaum zur größten aller Religionsgemeinschaften hätte entwickeln können. Jenseits des Wirkungsbereichs liberaler Verfassungsgeschichte demonstriert uns gegenwärtig der islamische Fundamentalismus, was im Extremfall religiös geprägte Modernitätsverweigerung politisch bedeuten kann. Schließlich ist auch der ideologische Totalitarismus, der ja eine spe-

zifisch europäische Erscheinung darstellt, in seiner anti-
liberalen Substanz nichts anderes als der Versuch, den
Anspruch auf unumschränkte Macht durch den Besitz
der maßgebenden ideologischen Wahrheit zu legitimie-
ren. Ist die spezifisch totalitäre Identität von Machtha-
berschaft und ideologischer Rechthaberschaft erst hergestellt, so wird der jeweilige Feind allein schon über
seine Nichtübereinstimmung mit der herrschenden politischen Weltanschauung identifizierbar. Die politische Verbindlichkeit von Wahrheitsansprüchen, gegen
die die Erklärung der Religionsfreiheit sich gerichtet
hatte, wird in säkularisierter Gestalt im Totalitarismus
erneuert. Das erklärt übrigens zugleich die Religions-
feindlichkeit der totalitären Ideologien: Sie haben den
Status illiberaler Anti-Religionen mit Ketzergerichten,
mit kanonischen Texten von politisch geschützter Geltung, mit verbindlicher öffentlicher Bekenntnisabgabe
und mit den komplementären Behinderungen der Le-
benskarriere aller, die das verweigern. Darauf beruht
es, daß unter Bedingungen totalitärer Herrschaft die
Religion ihrerseits sich als eine Quelle der Kraft zum
politischen Widerstand erweist. Nicht zuletzt aus Erfahrungen solchen Widerstands ist dann den Religio-
nen und Konfessionen ihr Angewiesensein auf den
Schutz liberal geprägter politischer Lebensordnungen
evident geworden, während der Liberalismus seinerseits die Religion als eine der Lebensmächte zu sehen
gelernt hat, die uns in besonderer Weise interessiert und
fähig machen, die freiheitlich verfaßte politische Lebensordnung gegen ihre totalitären Verächter zu ver-
teidigen.
Was sich an der Geschichte der Religions- und Welt-
anschauungsfreiheit ablesen läßt, bedeutet in der Verall-
gemeinerung: Die Geschichte des Liberalismus ist die
Geschichte der Expansion derjenigen Lebensbereiche,

die politischer Disposition entzogen sein sollen. Bürger- und Menschenrechte definieren Bereiche der Selbstbestimmung, auf die sich die Entscheidungen, die im politischen System getroffen werden, nicht sollen erstrecken können. Von der Religionsfreiheit über die Meinungsfreiheit bis zur Freiheit der Wissenschaft, von der Pressefreiheit über die Versammlungsfreiheit bis zur Koalitionsfreiheit erstreckt sich der Katalog liberaler Rechte, in deren Geltung wir insoweit vor politischer Fremdbestimmung geschützt sind. Der Katalog dieser und weiterer Freiheitsrechte ließe sich nach ihrer Wichtigkeit ordnen — vom Lebensrecht bis zum Recht auf freie künstlerische Betätigung. Dabei ist sogar im Falle dieser beiden weit auseinanderliegenden Rechte ihr Zusammenhang unübersehbar. Mit der Freiheit der Kunst erlischt bekanntlich stets mehr als nur diese. In illiberalen Systemen, in denen Freiheitsrechte wenig gelten, möchte man sich als letztes Freiheitsresiduum immerhin die Freizügigkeit wünschen, nämlich das Recht, sich entfernen zu dürfen. Nichts symbolisiert daher herrschende Illiberalität eindrücklicher als jene Zäune und Mauern, mit denen sich gewisse Systeme gegen das Davonlaufen ihrer eigenen Bürger glaubten sichern zu müssen. Kontrastiert man das gegen jenen Zaun, mit welchem die USA an Teilen ihrer Südgrenze sich gegen unkontrollierte Massenimmigration zu schützen suchen, so wird einem der Unterschied zwischen illiberalen und liberalen Systemen am Unterschied der Funktionen evident, die ihren Grenzbefestigungen zukommt.

Die liberalen Bürger- und Menschenrechte sind, zumal in den Staaten absolutistischer Tradition, gern als Abwehrrechte des Bürgers gegenüber dem Staat interpretiert worden. Auf die mannigfachen Übergänge vom Absolutismus zum Konstitutionalismus in der europäischen Verfassungsgeschichte paßt diese Interpretation genau, und das könnte zu dem Fehlschluß verleiten, in originär demokratisch sich legitimierenden Systemen verlöre der Abwehrcharakter liberaler Rechte an Aktualität und Bedeutung. Dagegen ist in Erinnerung zu bringen: Auch der politische Mehrheitswille des demokratischen Souveräns, und sei die Mehrheit einhundertprozentig, kann sich nicht auf diejenigen Lebensbereiche erstrecken, die in liberalen Systemen aus dem Zuständigkeitsbereich politischer Entscheidungen und Maßgaben ausgegrenzt sind. Was wir im Rahmen von Menschenrechten tun oder lassen, ist nicht mehrheitsfähig, und es ist genau in diesem Sinne auch nicht demokratisierbar. Eben deswegen empfiehlt es sich, hellhörig zu werden, wenn politische Ansprüche im Namen fälliger Demokratisierung erhoben werden. Wo solche Ansprüche sich an die Adresse von Diktatoren wenden, konvenieren sie oft, wenn auch nicht immer mit den Tendenzen bürger- und menschenrechtlicher Emanzipation. Wo indessen Freiheitsrechte bereits gelten und wirksam sind, kann man unter Demokratisierungsparolen auch deren Schwächung oder gar Abschaffung betreiben. Aus dem Eigentum wird dann, demokratisiert, das Volkseigentum, aus der freien Presse die demokratisierte, nämlich politisch kontrollierte Wahrheitsverwaltung und schließlich aus der liberalen Demokratie als demokratisierte Demokratie die Volksdemokratie.

In der Zusammenfassung bedeutet das: Unter Bedingungen demokratischer Legitimität nimmt die Nötigkeit liberaler Begrenzung der Lebensbereiche, die politischer Regelung unterworfen sein sollen, nicht ab, sondern zu. Die Legitimität desjenigen politischen Willens, der als Volkswille auftreten kann, ist ja unüberbietbar, und um so wichtiger ist es, das, worauf sich der Volkswille, in der Gesetzgebung zum Beispiel, inhaltlich überhaupt soll beziehen dürfen, liberal zu begrenzen. Der Wegfall solcher Grenzen definiert den Totalitarismus, der eben deswegen ein spezifisch modernes politisches Phänomen ist. Totalitäre Herrschaft ist entliberalisierte Herrschaft, die ihre Grenzenlosigkeit aus dem Anspruch herleitet, nichts als den wahren Willen des Volkes zu vollstrecken und in Kenntnis seiner wahren und berechtigten Bedürfnisse mit der Verwirklichung der Bedingungen ihrer künftigen Erfüllung befaßt zu sein. Die Menschheit der Zukunft als Partei bereits gegenwärtig zu repräsentieren — das ist die Figur totalitär-demokratischer Selbstermächtigung, die aus Parteien Einheitsparteien macht. Die Parteien des marxistisch-leninistischen Typus sind dafür das unüberboten gebliebene Beispiel. Aber für die Diktatur der Nationalsozialistischen Deutschen Arbeiterpartei gilt, mutatis mutandis, dasselbe. Auch diese Partei begründete ihr Herrschaftsmonopol mit dem Anspruch auf endlich hergestellte Identität von Parteiwillen und Volkswillen, den der Führer auszulegen und zu repräsentieren wußte. Kein Geringerer als Josef Goebbels hat das Regime der nationalsozialistischen Parteiherrschaft „veredelte Demokratie" genannt, und er verstand sich dabei nicht einmal als Zyniker.

Was hat den Totalitarismus nicht zuletzt bei den Gebildeten unter den Verächtern der liberalen Demokratie in diesem Jahrhundert so attraktiv gemacht? Das beruht, wie mir scheinen will, auf der alten Faszination des Gedankens, daß die Macht an die höhere Einsicht zu binden sei, an die Einsicht in die Gesetzmäßigkeiten des Ablaufs der Geschichte von Natur und Gesellschaft, an die Einsicht in die entsprechenden Zukunftsinteressen der Menschen gerade auch dann, wenn sie diesen selbst in ihrer Mehrheit gegenwärtig noch verborgen sein mögen, und an die Einsicht in den speziellen eigenen Beruf im Kampf um die Verwirklichung der einschlägigen Zukunft. Der Enthusiasmus politischen Heilswissens wirkt stets entliberalisierend. Auch außerhalb totalitärer Systeme läßt sich, im Extrem, dieser Wirkungszusammenhang an den Aktivitäten terroristischer Randgruppen studieren. Was macht terrorfähig? Von speziellen psychischen Prädispositionen einmal abgesehen ist es der Fanatismus der Gewißheit, in Kenntnis des einen, was fällig und überfällig wäre, zu sein, während das Volk in den Verfahren der formalen Demokratie fortfährt, seine Verderber zu wählen, somit seine Zukunft zu verspielen, seine wahren Freunde zu verkennen, die sich mühen, sich den Fesseln formalen Rechts zu entwinden. Die Entgrenzung des Rechts zur politischen Aktion durch Befreiung von den Formalien der Verfahren demokratischer Politik und des Rechts — das ist die Figur illiberaler Selbstermächtigung zur Gewalt. Die Verachtung liberaler politischer Ordnung ist insofern Verachtung der Verfahrensbindung der Politik und des Rechts. Umgekehrt formuliert heißt das: Eben diese Verfahrensbindung ist, über die materielle Geltung von Bürger- und Menschenrechten hinaus, das zweite wichtige Kriterium liberaler politischer Ordnung. Man weiß sich im Besitz der besseren Argumente, und dennoch muß man sich der Mehrheit, die in etablierten Verfahren anders entschied, fügen. Man glaubt sein Recht zu kennen; aber das Gericht, vor dem man es geltend machte, weist einen ab. Man demonstriert, und man tut es zweimal und dreimal; aber niemand klatscht Beifall, und nichts im System rührt sich. Es gibt keinen Liberalismus ohne jene politische Kultur, in der die Bürger gewohnt und bereit sind, solche Frustration auszuhalten. Und es ist in einer liberalen Demokratie kein Zynismus, wenn wie in Frankreich die Repräsentanten des Staates bei Gelegenheit seines Todes das Genie Sartres feiern, ohne je daran gedacht zu haben, den kulturrevolutionären Aufrufen maoistischer Prägung, die der Gefeierte auf den Pariser Boulevards einst verteilt hatte, zu folgen.

Kurz: Bürger- und Menschenrechtsbindung einerseits und Verfahrensbindung andererseits bilden die Substanz liberaler politischer Ordnung. Im übrigen ist auch unter liberalen Voraussetzungen die Verständigung darüber, was als Inhalt von Freiheitsrechten der Disposition politischer Entscheidungen entzogen sein soll, stets im Fluß. Es ist einfach, den Liberalismus auf den Grundsatz zu bringen, der Lebensbereich, der im Rahmen von Freiheitsrechten unserer Selbstbestimmung überlassen sein soll, sei zu maximieren und auf der anderen Seite der Bereich dessen, was im politischen Prozeß staatlich zu regeln bleibt, auf Nötigkeitsminima zu begrenzen. Aber wo man und wie man die einschlägige Grenze zieht — das ist in Abhängigkeit von kontingenten historischen Voraussetzungen im Detail überall anders, und es ändert sich zugleich in Abhängigkeit von sich ändernden zivilisatorischen und sozialen Lebensvoraussetzungen.

Es gibt zum Beispiel keine universelle und ein für allemal gültige Regelung der Frage, wie Konflikte zwischen Arbeitsrecht und rituellen Pflichten religiöser Minderheiten zu regeln seien. Analoges gilt für die Ansprüche, die sich in bürgerlicher Hinsicht aus der Zugehörigkeit zu kleinen Sprachminderheiten herleiten lassen. Wie weit das Demonstrationsrecht reicht und wo ihm gegenüber das Interesse der Bürger, Straßen als Verkehrswege in Anspruch nehmen zu können, sich durchsetzt — dergleichen ist aus Menschenrechtsresolutionen der UNO oder des Europarats nicht abzulesen. Dergleichen unterliegt, nach der Natur der Sache, der

Rechtsfortbildung durch Politik und Gerichtsbarkeit. Es ist oft gesagt worden, daß die Zahl der Länder, in denen der Prozeß dieser Rechtsfortbildung auch über längere Fristen hin den Liberalismus begünstigt und stärkt, immer noch klein ist. Nichtsdestoweniger ist es, wenn man in längeren Fristen denkt, ein Faktum ersten politischen Ranges, daß zentrale Gehalte politischer Freiheitsrechte bis auf die UNO-Ebene hinauf weltöffentlich unwidersprechlich geworden sind. Das hat heute seine Bedeutung gerade auch dort, wo Freiheitsrechte faktisch noch eingeschränkt oder verletzt sind.

Von der Geschichte des Liberalismus ist der Anspruch auf Freiheit des Eigentums und auf Freiheit privaten wirtschaftlichen Handelns unabtrennbar. Aber wie weit diese Freiheiten reichen sollen — das ist gleichfalls eine der Freiheitsrechtsfragen, die sich schwerlich ein für allemal mit universellem Geltungsanspruch beantworten lassen. Ja, ob Freiheit der Wirtschaft und des Marktes überhaupt zu den unabdingbaren Gehalten freiheitlicher politischer Lebensordnung gehört, ist bekanntlich auch unter solchen, die der Parteigängerschaft bei totalitären Bewegungen keinesfalls verdächtig sind, immer wieder einmal umstritten gewesen. Auch in den freien Ländern des Westens gibt es bekanntlich Theoretiker und politische Praktiker sozialistischer Tradition, die die Freiheit des produktiven Eigentums und die Freiheiten marktwirtschaftlicher Ordnung für aufkündbar halten, ohne daß deswegen die Freiheitlichkeit einer grundrechtsorientierten Demokratie Schaden nehmen müßte.

Die Auseinandersetzung um diese Argumentation muß als politisch unabgeschlossen gelten, wenn man auch feststellen kann, daß die Erfolge liberaler marktwirtschaftlicher Ordnung die Überzeugung von der unabdingbaren Zugehörigkeit dieser Ordnung zum System freiheitlicher Demokratie gefestigt hat.

Wie lauten die entsprechenden Argumente? Grundsätzlich wird niemand dem Argument widersprechen wollen, daß Freiheit, wenn sie bis in den sozialen Lebenszusammenhang hinein Realität haben soll, Dispositionsfreiheit einschließt. Diese ist wie von nichts anderem als von der eigenen Stellung im Wirtschaftssystem abhängig. Das muß keineswegs eo ipso und exklusiv Verfügung über Eigentum an Produktionsmitteln bedeuten. Auch Verfügung über Arbeitseinkommen schafft Freiheit und eigentumsanaloge soziale Versorgungsansprüche nicht minder.

Man hat noch den Hohn im Ohr, mit dem die Kritiker marktwirtschaftlicher Ordnung deren Freiheiten mit Hinweis auf das Proletarierelend überzogen haben. In der Tat: Die historische Realität dieses Elends ist unleugbar, und allerlei Formen einer „Neuen Armut" sind gegenwärtig ein sozialpolitisches Thema. Nichtsdestoweniger liest man die Sozialgeschichte marktwirtschaftlicher Ordnung mit falschem Richtungssinn, wenn man glaubt, mit dem Hinweis auf Armut und Elend frühkapitalistischer Zeiten den Wirtschaftsliberalismus politisch und moralisch widerlegt zu haben. Die Geschichte der Überwindung der Armut beginnt mit der Geschichte des Industrialisierungsprozesses, und ohne die Erfahrung, daß Industriearbeit auch Elend zu mindern vermag, hätten sich die frühindustriellen Arbeitermassen gar nicht bilden können. Es ist richtig, daß die Pragmatik liberaler Wirtschaftsordnung als solche eine Antwort auf die Herausforderung der Sozialen Frage gar nicht enthielt, und bis heute machen diejenigen Liberalen, die auch noch die Lösung der Sozialen Frage dem Markt überantworten möchten, den Liberalismus eher unglaubwürdig. Aber nichts stand doch und steht noch entgegen, die Ordnung des Marktes durch eine Sozialordnung zu ergänzen. Alsdann stellt sich die Frage so, welches Wirtschaftssystem mit der größeren Effizienz in der Lage sei, den sozialstaatlichen Rahmen wirtschaftlichen Handelns auszufüllen. Die Frage stellen heißt sie beantworten, und das bedeutet: Die einzig sozialstaatlich erfüllbaren Wohlfahrtsinteressen stehen heute überwiegend den Interessen an der Erhaltung marktwirtschaftlicher Ordnung nicht entgegen, sondern stützen sie.

Nichtsdestoweniger gibt es bis heute und gerade heute wieder Kritiker liberaler marktwirtschaftlicher Ordnung, die sich vom Argument der Effizienz dieser Ordnung wenig beeindruckt zeigen, die vielmehr grundsätzlicher, nämlich moralisch argumentieren und die moralische Qualität eines Systems beklagen, in dem die individuellen und kollektiven Interessen nicht identisch, vielmehr Gewinn und Vorteil Richtschnur wirtschaftlichen Handelns sind. Diese moralisierende Kritik der subjektiven Interessen, die in liberaler Wirtschaftsordnung freigesetzt sind, verkennt in schwerwiegender Weise die öffentliche Funktion der Moral. Unsere moralischen Kräfte wären hoffnungslos überfordert, wenn uns in Permanenz abverlangt würde, unsere persönlichen Zwecke zum Zweck der Förderung des Gemeinwohls zu erheben. Nicht die Aufopferung unserer privaten Interessen ist uns moralisch abverlangt, vielmehr ihre Bindung an die Bedingungen ihrer Vereinbarkeit mit den gleichberechtigten Interessen anderer. Moral ist eine knappe Ressource. Wo, wie im „real existierenden Sozialismus", diese Ressource durch die Prätention, man habe durch die Abschaffung des Privateigentums an Produktionsmitteln die Identität individueller und kollektiver Interessen hergestellt, überfordert wird, fördert man nicht Moral, vielmehr moralisierende Heuchelei. Die Öffentlichkeit dröhnte von Appellen zu vermehrter Einsatzbereitschaft im sozialistischen Wettbewerb der kollektivierten Selbstlosigkeiten. An den Fabriktoren hingen die Porträts der Helden der Arbeit, und die naheliegende Reaktion war der massenhafte Rückzug in die private Nischenexistenz.

Wahr ist, daß die im liberalen Wirtschaftssystem sich betätigenden Interessen nicht eo ipso mit dem Gemeinwohl harmonisierende Interessen sind. Die „unsichtbare Hand", die über den Mechanismus des Marktes gerade durch die Freisetzung individueller Interessen die wirtschaftliche Effizienz des Gesamtsystems mehrt, geht mit Lebensvoraussetzungen, die keinen Preis haben, keineswegs immer schonend um. Es gibt externe Kosten wirtschaftlichen Handelns, die sich in Marktpreisen nicht niederschlagen und eben deswegen buchstäblich rücksichtslos der Allgemeinheit aufgebürdet werden. Die ökologischen Probleme, die uns belasten, dienen heute bekanntlich den Kritikern des Wirtschaftsliberalismus als das wichtigste Exempel für diesen Zusammenhang. Das „Profitinteresse" gilt den systemkritisch motivierten Umweltschützern als eine besonders wirksame Kraft der Naturzerstörung, die für liberal verfaßte, marktwirtschaftlich organisierte Systeme charakteristisch sei. Und es ist, noch einmal, nicht zu bestreiten: Externe Güter, die in der Kostenrechnung der profitorientiert wirtschaftenden Subjekte nicht aufscheinen, sind insoweit ausbeutungsbedroht.

Hätten somit die ökologischen Probleme den Wirtschaftsliberalismus widerlegt und wären sie gar das heute entscheidende Argument für Fälligkeiten sozialistischer Transformation der Ökonomie? Die Sache verhält sich genau umgekehrt — in Übereinstimmung mit dem Faktum, daß die Zwecke des Umweltschutzes in

den liberalen Ländern des Westens einen ungleich höheren politischen Stellenwert haben, als sie ihn in den
Ländern des real existent gewesenen Sozialismus hatten, und wir wissen, wieso das so ist. Die ökologischen
Probleme sind in der Tat Probleme von säkularer Größenordnung. Aber sie desavouieren unser Wirtschaftssystem nicht, sondern mehren, unter veränderten Rahmenbedingungen, unsere Angewiesenheit auf seine
Leistungskraft.

Einheit und Vielheit oder kulturelle Freiheit in europäischer Perspektive

Lebhafter als die kulturelle Einheit Europas, so scheint es, beschäftigen uns gegenwärtig unsere Regionalkulturen. Nicht, was uns allen in Europa gemeinsam ist, bewegt uns am stärksten, vielmehr das, wodurch wir uns jeweils vom anderen unterscheiden — als Sarden oder Jurassier, als Bretonen oder Waliser, als Galizier oder als Friesen. Sicherlich: Das Interesse, mit dem die Europäer der Einheit Europas sich zugewandt zeigen, ist freundlich. Ungleich lebendiger aber äußert sich zum Beispiel das Interesse, das sich um die Erhaltung von Regional- und Minderheitssprachen bemüht, spezielle heimische Architekturtraditionen fortführen möchte oder Protest erhebt, wo man im Zuge von Gebietskörperschaftsreformen historische Regionalgrenzen angetastet findet.

Soll man, an den Zwecken europäischer Politik orientiert, darüber klagen? Liegen Versäumnisse vor, weil die Europäer von ihrer europäischen Identität ein ungleich blasseres Bild haben als von ihrer jeweiligen regionalen oder nationalen Identität?

Statt zu klagen, sollte man diesen Bestand begreifen und sehen, was ihn, auch aus europäischer Perspektive, zustimmungsfähig macht. Was also ist die Räson des Vorgangs, daß das Engagement bei der Kultur unserer kleinen Herkunftswelten heute in Europa mit auffälliger politischer Schärfe hervortritt? Das läßt sich plausibel machen. Das Interesse an der Erhaltung der besonderen Herkunftskulturen, durch die wir uns jeweils von anderen unterscheiden, wächst gleichzeitig mit der Menge dessen, was uns in der modernen Zivilisation allen gemeinsam ist. Zum regionalistisch bewegten Okzitanier oder burgenländischen Austrokroaten wird man nicht, weil man in einem weltabgeschiedenen Winkel vom zivilisatorischen Modernisierungsprozeß noch unberührt geblieben wäre. Man wird es vielmehr inmitten europaweit hin und her flutender Touristen- und Warenströme. Man wird es unter der Wirkung von Angleichungsvorgängen, deren Rationalität in Technik und Produktion, in Wirtschaft und Ausbildung in der Tat zwingend ist. Nicht die Rückständigkeit macht uns kulturell herkunftsbewußt, sondern die Dynamik der Modernisierung, die uns immer rascher über immer größere Räume hinweg miteinander verbindet.

Es ist dieser Komplementaritätszusammenhang von Modernisierung einerseits und Vergangenheitszugewandtheit andererseits, der zum Beispiel auch das europäische Denkmalschutzjahr 1975 in so außerordentlicher Weise erfolgreich sein ließ. Dieser Erfolg ist bekanntlich keineswegs nur den Meisterwerken der europäischen Architektur- und Stadtgeschichte zugute gekommen. Längst gibt es Bürgerinitiativen gegen den Abriß frühindustrieller Arbeitersiedlungen, die noch vor zwanzig oder dreißig Jahren als „Schandfleck" galten. Die Hinterlassenschaften des architektonischen Historismus sind längst ihrerseits historisiert, und gewisse Tendenzen von Überrestauration bereiten den professionellen Denkmalschützern Sorgen.

Was ist der Grund dieser Vergangenheitszugewandtheit unserer europäischen Gegenwartskultur? Sind die Europäer vergangenheitsflüchtig aus Zukunftsscheu? Das Gegenteil ist der Fall: Die Nötigkeit kultureller Vergegenwärtigung der Vergangenheit wächst mit der Geschwindigkeit unserer Entfernung von ihr. Nicht die Stagnation, sondern die Dynamik unserer Lebensverhältnisse macht uns herkunftsbewußt und erzwingt eine kompensatorische Kultur unserer Herkunftsprägung. Das ist der Zusammenhang, in welchen ersichtlich auch die regionalistischen Bewegungen Europas gehören. Der Zentralimpuls dieser Bewegungen ist nicht die Abkehr von allem, was uns kulturell in Europa miteinander verbindet, sondern die maximale Erhaltung kultureller Vielfalt im Horizont einer herkunftsneutral sich ausbreitenden zivilisatorischen Modernität. In allem, was spezifisch modern ist, erkennen wir uns in Europa ohnehin überall mühelos wieder. Eben das macht die Devise der Regionalisten plausibel: so viel zusätzliche Einheit wie nötig, soviel Erhaltung herkunftsgeprägter kultureller Vielfalt wie möglich.

Daß die Dynamik der Modernisierung in bezug auf Herkunftskulturen konservativ macht — das ist ein Sachzusammenhang, dessen Wirksamkeit selbstverständlich nicht allein auf Europa begrenzt ist. Er stellt sich überall her, wo unter Modernisierungsdruck identitätsprägende kulturelle Lebensformen zu zerbrechen drohen. Exemplarisch heißt das: Wo immer in der Welt fortschrittsabhängig die Geschwindigkeit des Veraltens von Traditionen zunimmt, gibt es alsbald auch Museen. Spezifisch europäisch hingegen ist die extreme Dichte herkunftsgeprägter kultureller Unterschiede im Raum. Spezifisch europäisch sind die Kulturlandschaften, in denen schon über eine Entfernung von zehn oder zwanzig Kilometern hinweg alles anders ist: der Dialekt, ja der Ton der Sprache, die Konfession und die dominante Architekturtradition, das Brot und der Festtagskalender, der Wein ohnehin und sogar der Stil der politischen Rhetorik in den Lokal- und Regionalparlamenten.

Man muß nicht Historiker sein, um für diesen Reichtum der Unterschiede in der europäischen Kultur und für die Dichte in der Präsenz dieses Reichtums Sinn zu haben. Auch für den nur mäßig geschulten Blick des Touristen ist das alles unübersehbar. Die Lust der kulturellen Anschauung, die wir uns auf unseren Reisen zu verschaffen wissen, ist die Lust des Unterscheidens und Wiedererkennens, und es sind kleine Distanzen, die man in Europa zurücklegen muß, um dieser Lust Gelegenheit zu verschaffen. Bei dieser Fülle und wechselseitigen Nähe differenter Kulturen in Europa ist es ein naheliegender und daher alter Gedanke, die Einheit der europäischen Kultur durch diese Fülle zu charakterisieren. Der Aufgabe zu sagen, was Europa eint, entzieht man sich so durch Rekurs auf den Reichtum dessen, was uns in Europa voneinander verschieden sein läßt. Indessen: Es ist eine etwas schale Dialektik, die uns unsere Einheit im gemeinsamen Willen zur Behauptung unseres jeweiligen Andersseins zu suchen empfiehlt. Diese Reduktion der europäischen Einheit aufs gute Einvernehmen im wechselseitigen Respekt vor den Unterschieden unserer nationalen und regionalen Kulturen — das wäre unzweifelhaft ein Vorgang kultureller und politischer Bornierung. Es gibt in Europa Tendenzen solcher Bornierung. Die erwähnten regionalistischen Bewegungen sind leider nicht immer frei davon. Wo die Mundartpflege sich polemisch gegen die Literatursprache kehrt, wo extremistische intellektuelle Neo-Kelten oder Neo-Germanen sich anti-römisch stilisieren — dort überall wird Borniertheit kulturell und politisch wirksam.

Es hat also einsichtige Gründe, daß wir heute, unter dem Druck einer global expandierenden technischen Zivilisation, in besonderer Weise bemüht sind, unsere kulturelle und politische Vielfalt hervorzukehren und damit das, wodurch wir uns voneinander unterscheiden. Um so nötiger bleibt es zugleich zu sagen, was uns in Europa inhaltlich miteinander verbindet. Auch die kleinsten Kulturregionen wissen sich inzwischen politisch auf ihre Identität zu berufen, und das ist richtig so.

Um so nötiger ist eine europäische Politik, die mehr ist als eine Rahmenpolitik für unsere schönen kulturellen Besonderheiten, nämlich eine Politik der Berufung auf die umfassendere europäische Identität.

Identität — das ist, auch in der Europapolitik, seit etlichen Jahren ein Wort mit Schlagwortcharakter. Was ist gemeint? Identität — das ist die Antwort auf die Frage, wer wir sind, und diese Antwort hat, vollständig gegeben, stets die Form einer Geschichte. Europäische Identität ist somit nichts anderes als die Herkunftseinheit Europas aus gemeinsamen Geschichten. Es ist hier gar nicht nötig, auch nur eine einzige dieser gemeinsamen Geschichten andeutend zu erzählen. Elementare Bildung genügt, den Gedanken als absurd zu erkennen, es ließe sich in unseren geliebten kleinen Kulturregionen auch nur ein einziges Werk, sagen wir, der bedeutenderen Volkspoesie aus regional autochthonen Elementen rekonstruieren, nämlich ohne Rückbezug auf unsere europäischen Gemeinsamkeitshorizonte, wie sie präsent sind in Dekalogzitaten, Heiligennamen, Weisheitstopoi, Elementen aus Tierfabeltraditionen, Versmaßen antiker Erfindung, Ansprüchen römischer Rechtstradition, Herr-und-Knecht-Verhältnissen feudaler Prägung oder in Äußerungen der Freuden des Weins.

Von der wirkungsgeschichtlichen Einheit der europäischen Weltliteratur braucht man in diesem Zusammenhang erst gar nicht zu reden, und der Regionalist mit seinem Plädoyer für die Einheit der Kultur in vermeintlich volksnahen kleinen Horizonten würde sich wundern, wie wenig von der Architektur seines Heimatstädtchens übrigbliebe, wenn man alles entfernte, was darin an Stilelementen mutatis mutandis sich gemeineuropäisch wiederfinden ließe. Für die ikonographischen Gehalte der Gemälde und Grafiken im Provinzmuseum gilt Analoges, und die sorgfältig im Familienerbe tradierte Vase erklärt sich dem Kenner als ein Relikt aus der gemeineuropäischen Sinophilie des 18. Jahrhunderts. Der Spruch im Wappen des Städtchens lautet lateinisch, und die Repräsentanten des Städtchens nennen sich Senatoren.

So kann man, um die kulturelle Einheit Europas auch für den Stutzigen unübersehbar zu machen, endlos fortfahren — bis hinauf auf die Ebene der europäischen Philosophie, deren Geschichte ein britischer Philosoph eine Abfolge von Fußnoten zu Platon genannt hat. Der Papst schließlich vermochte bei seinen europäischen Reisen mit seiner Bemerkung Evidenzen zu erzeugen, was wohl von unserer Kultur verbliebe, wenn man alle gemeineuropäisch-christlich geprägten Gehalte daraus entfernte. Kurz: Die Einheit Europas ist in Beständen von vertrautester Selbstverständlichkeit manifest. Wir begegnen dieser kulturellen Einheit Europas nicht erst in den Bibliotheken, Theatern und Sammlungen unserer Metropolen. Jedes Gesangbuch, ja jedes bessere Kochbuch erweist sich als gemeineuropäisch durchkultiviert, und noch der progressive Student, der die Verpflichtung auf diese Gehalte als bildungsbürgerlich oder herrschaftsideologisch zu entlarven weiß, benützt als Plattform für seine kulturrevolutionäre Agitation einen Klub namens „Spartakus".

Eine Herkunftskultur, die keine Zukunft hat, wird definitiv museal. Aber umgekehrt gilt: Keine zukunftsfähige Kultur kann ihre Identität ohne Aneignung ihrer Herkunft sichern. Daraus läßt sich eine ganze Reihe höchst praktischer politischer, näherhin kulturpolitischer Konsequenzen ziehen. Zwei dieser Konsequenzen möchte ich exemplarisch erwähnen.

Erstens: Um in vertrauten Selbstverständlichkeiten unserer Regional- und Alltagskulturen die Elemente ge-

meineuropäischer Herkunft und Prägung überhaupt sehen zu können, brauchen wir das, was wir mit einem wirkungsreichen deutschen Wort „Bildung" nennen. Es ist wahr, daß diese Bildung, die uns zur Wahrnehmung der Einheit europäischer Kultur erst befähigt, in der Transformation der Ständegesellschaft zur Klassengesellschaft oberklassenspezifisch wurde. Aber es wäre ein folgenschwerer Irrtum zu meinen, daß zu den Fälligkeiten der Demokratisierung der Bildung eine kulturrevolutionäre Geringschätzung ihrer traditionellen Gehalte gehöre. Einzig über diese traditionellen Gehalte ist ja die kulturelle Einheit Europas erfahrbar. Demokratisierung der Bildung muß daher, statt diese Gehalte als vermeintlich oberklassenspezifisch bildungspolitisch aus dem Verkehr zu ziehen, die Chancen des Zugangs zu ihnen verbessern. Verführe man anders, so würde man ungewollt einseitig diejenigen Bürger begünstigen, die sich den Zugang zu den gemeineuropäischen Gehalten unserer Kultur auch ohne Sukkurs staatlicher Bildungspolitik zu verschaffen wissen. In der sogenannten Informationsgesellschaft wird das relative Gewicht der öffentlichen Schulen im Bildungsbetrieb eher geringer. Es gibt die große Konkurrenz der Medien, die breitenwirksame Verlagsproduktion vom Taschenbuch-Boccaccio bis zu Asterix, und es gibt eine ungeahnte Blüte bildungsbedeutsamen, alltagskulturellen Vereinslebens. Es wäre doch ein merkwürdiges Ergebnis, wenn die öffentlichen Schulen sich kulturrevolutionär enteuropäisierten, während im Stadttheater Dürrenmatts „Romulus der Große" ständig ausverkauft ist oder gar, auf einer anderen Ebene, am Bahnhofskiosk das Leben der Römer am Rhein als populärhistoriographische Magazinlektüre gehandelt wird.
Es nützt nichts: Die Massen, die Tag für Tag vor der Akropolis in Athen oder auch nur vor der Porta Nigra

in Trier den Sightseeing-Bussen entsteigen, wissen es besser. Diese Massen huldigen Europa. Der Geist, der sie treibt, ist — ganz unabhängig von sonstigen respektablen Reisemotiven — der Geist des Respekts vor den Zeugnissen der uns verbindenden kulturellen Herkunft. Es gibt keine europäische Politik, die nicht zunächst einmal eine Politik aus diesem Respekt wäre. Eine solche Politik steht zu den heute so lebendigen Zwecken regionaler Kulturpolitik gar nicht in Widerspruch. Sie verhindert aber ihre Provinzialisierung.

Zweitens: Die europäische Geschichte ist erfüllt von Kunstraub und illegalem Transfer von Schätzen unserer Kultur. Wie sehr sich die Völker mit ihrem kulturellen Eigentum identifizieren — das wurde entsprechend in mannigfachen Triumphen der Heimkehr solcher Schätze sichtbar. Das ist der historische Hintergrund, der plausibel macht, wieso wir, wo wir heute Schätze unserer eigenen Kultur in den Schatzhäusern anderer Völker wiederfinden, sie gelegentlich als eigene erblicken. Und es mag auch Fälle rechtlich höchst zweifelhafter Besitztitel geben, die Rückgabeansprüche im positiv-rechtlichen Sinne begründen könnten. Sind indessen solche Rückgabeansprüche ihrerseits im positiv-rechtlichen Sinne zweifelhaft, so muß man die Sache im Horizont europäischer Kultur mit umgekehrtem Richtungssinn ansehen. Die europäische Omnipräsenz zum Beispiel von Werken altgriechischer Kunst von London bis Wien und von Stockholm bis München erscheint dann keineswegs mehr als manifester Dauerschaden gegenwärtiger griechischer kultureller Identität, vielmehr als Ausdruck der unvergleichlichen Rolle, die Griechenland in den Bemühungen der Völker Europas zufallen mußte, sich der Herkunftseinheit ihrer Kultur bewußt zu werden. Ich möchte das mit einem sinnfälligen Beispiel noch deutlicher machen. Inmitten der Stahl-und-Kohle-Landschaft des Ruhrreviers gibt es seit zwanzig Jahren eine neue, eine große Universität — die Ruhr-Universität Bochum. Zu dieser gehört als Stiftung aus mäzenatischem Geist ein Antiken-Museum, und wer vermöchte denn definitiv auszuschließen, daß auch in dieser Sammlung sich Stücke befinden, deren Rechtstiteltradition nicht in allen Abschnitten durchsichtig ist. Positiv-rechtlich wäre das ja völlig belanglos, und eben deswegen ist der eigentlich relevante kulturelle Aspekt der Sache dieser: Spezifisch europäisch ist es, daß eben Athen in Bochum präsenter als Bochum in Athen sein muß.

Das läßt sich verallgemeinern. Schadet es Flandern, daß Flämisches über den ganzen Erdteil verbreitet ist und in Madrid wie in Kopenhagen gegenwärtig? Was haben die Florentiner verloren, weil sie, um die Anschauung ihrer Kultur zu vervollständigen, bis nach Dresden oder Leningrad reisen müßten? Europäisch ist, worin alle Europäer sich kulturell wiederzuerkennen vermögen und woran sie eben deswegen teilhaben möchten. Es widerspräche der universellen Geltung unserer Hochkultur, wollte man ihre Werke auf ihre Ursprungsregionen rekonzentrieren. Der aktuelle Regionalismus in Europa hat seine erläuterte Nötigkeit. Ein hochkultureller Regionalismus indessen wäre nichts anderes als der Versuch, die Sinnfälligkeit der Einheit europäischer Kultur zu schwächen.

Vor gut einhundertundzehn Jahren diagnostizierte Friedrich Nietzsche, unsere Kultur sei geschichtskrank geworden. Seither hat aber das Ausmaß der europäischen Vergangenheitszugewandtheit ständig zugenommen, und es gibt Zyniker, die finden, die kulturelle Einheit Europas sei eben nur noch als historischer Bestand gegenwärtig. In der Tat: Die europäische Gegenwartskultur ist eine vom historischen Bewußtsein geprägte Kultur. Aber historisch wird ja das Bewußtsein einer Kultur nicht ihrer Stagnation, vielmehr ihrer Dynamik wegen. Museen erblühen nicht, wo sich nichts ändert, sondern wo komplementär zur kulturellen Innovationsgeschwindigkeit auch das Tempo kultureller Veralterungsvorgänge anwächst. Selbst in der Kunst hat der futuristische Protest gegen das Museum dieses nicht beseitigt, vielmehr lediglich den Prozeß beschleunigt, über den die jeweilige Avantgarde selber museumsreif wird. Je rascher die Strukturen der industriellen Produktion sich verändern, um so mehr haben die Industriearchäologen zu tun, und um so größer wird die Zahl der Firmenmuseen.

Das ist der Zusammenhang, der es erlaubt, die Einheit der europäischen Kultur durch die ihr entstammenden Kräfte der Dynamisierung aller Kulturen zu charakterisieren. Wissenschaft und Technik haben eine europäische Ursprungsgeschichte. Aber ihre kulturelle Besonderheit liegt eben darin, daß sie, unbeschadet ihres europäischen Ursprungs, herkunftsneutral global rezipiert und fortentwickelt werden konnten.

Kulturhistoriker haben das einen Vorgang weltkultureller Europäisierung genannt. Es empfiehlt sich natürlich, diesen Begriff der Europäisierung außerhalb Europas nicht zu gebrauchen, und er paßt auch tatsächlich nicht gut, wenn man sich klarmacht, mit welcher Entschiedenheit heute die außereuropäischen Kulturen unter dem Druck herkunftsindifferenter Modernisierung ihre historische Identität, wie wir die unsrige, zu bewahren suchen. Aber innerhalb Europas ist jener Begriff der Europäisierung doch nützlich, um sich als Eigenart Europas den Reichtum kultureller Hervorbringungen bewußt zu machen, die nicht allein ihm, sondern längst der Menschheit gehören. Kurz: Die europäische Kultur ist eine Kultur des Reichtums an Gehalten, die sich als universalisierbar erwiesen haben.

Nichts demonstriert uns die Universalität dieser Gehalte nachdrücklicher als das Faktum, daß wir auf vielen Gebieten, auf denen wir einst uns als Meister wissen konnten, längst unsere Meister weit außerhalb Europas gefunden haben. Im Falle Amerikas macht uns das noch am wenigsten zu schaffen, weil dieser Kontinent seiner Geschichte entsprechend für uns analog das ist, was nach dem schönen Einfall eines Kulturphilosophen Sizilien für die Griechen war, nämlich ihr Amerika. In anderen Fällen und im Falle Japans zumal verblüfft es uns zu sehen, was andere aus dem zu machen wissen, wofür wir früher einmal uns speziell zuständig wußten. Das bedeutet: Die Herausforderung, die Europa früher einmal für die anderen war — sie wirkt nun, nachdem die anderen diese Herausforderung angenommen und bestanden haben, auf uns selber zurück. Exemplarisch heißt das: Was heute als sogenannte elektronische Revolution bis in die Schulklassenräume hinein sich auswirkt, hat längst nicht mehr den Charakter eines spezifisch europäischen kulturellen Vorgangs; es handelt sich vielmehr um europäische Auswirkungen eines globalen Vorgangs. Die Europäer finden sich heute von den globalen Folgen ihrer eigenen Herkunftskultur herausgefordert. Die politische Balance von Herkunft und Zukunft würde in Europa zu Lasten der Zukunft verlorengehen, wenn die Europäer den globalen Folgen ihrer eigenen Geschichte sich nicht mehr so recht gewachsen zeigen würden.

Es hat plausible, hier nicht zu erörternde Gründe, daß überall in den hochindustrialisierten Regionen der Welt und somit nicht nur in Europa die Anzeichen einer Selbstkritik unserer Industriekultur sich mehren. Wir machen, um es in einem Satz zu sagen, die uns kulturell irreversibel prägende Erfahrung eines mit ihrem Fortschritt abnehmenden Grenznutzens der wissenschaftlich-technischen Zivilisation. Etwas ganz anderes gilt aber für eine letzte und wichtigste Leistung europäischer Kultur. Auch für diese Leistung gilt, daß sie sich längst ihrem europäischen Ursprung gegenüber verselbständigt hat und in ihrer normativen Verbindlichkeit UNO-weit offiziell anerkannt ist. Ich meine die Rechtsbindung der Politik und die einzig in dieser Rechtsbindung sicherungsfähigen Bürger- und Menschenrechte. Nicht, daß es irgendeine Kultur in der Welt gäbe, die nicht zugleich eine Rechtskultur wäre. Aber Recht als die verfahrensförmig gesicherte, einzig durch das analoge Recht aller anderen begrenzte Freiheit eines jeden, nach Religion und Konfession, nach Sprache und regionaler Sonderkultur, nach Weltanschauung und politischer Meinung, nach Parteizugehörigkeit und sonstiger Gruppenbindung, nach Bildungsinteresse, ja nach Präferenzen des Aufenthalts ein anderer sein zu dürfen — das ist ein zuerst europäisch-amerikanisch ausformulierter und realisierter Begriff. Der Begriff dieses Rechts ist die erfahrungsgesättigte Antwort auf die Frage, wie sich die Einheit unserer politischen Lebenszusammenhänge sichern und mehren läßt, während zugleich die Differenziertheit des gesellschaftlichen und kulturellen Lebens wächst, die Pluralität der Interessen und Meinungen zunimmt, die Mobilität der Menschen und ihrer Produkte die kulturelle Homogenität einstmals geschlossener Räume und Schichten auflöst und wir somit als Verschiedene uns im politischen Lebenszusammenhang immer näher rücken. Einzig gewährleistete Bürger- und Menschenrechte halten Modernität mit Liberalität verbindbar. Das ist es, was die Idee dieser Rechte heute weltweit ebenso attraktiv wie gefährdet sein läßt, und es kann leider keine Rede davon sein, daß die Gefahren einer totalitären Modernität ohne Liberalität bloß im Rest der Welt zu bemerken wären und nach dem Ende der nationalsozialistischen Herrschaft in Europa nicht mehr. Die Verbindung von Modernität und Liberalität hat noch immer den Status einer auch europäisch nur teilweise erfüllten Idee. Es bleibt daher aktuell, die Geltung dieser Idee auch im Rahmen europäischer Kulturpolitik über alle Mauern hinweg sichtbar zu halten.

Einige wichtige praktische Aspekte europäischer Gegenwartskultur möchte ich abschließend in sieben Thesen zusammenfassen.

1. Je rascher und umfassender die wissenschaftlich-technische Zivilisation uns europaweit und weltweit miteinander verbindet und unsere Lebensverhältnisse aneinander angleicht, desto nötiger bleibt die Sicherung unserer nationalen und regionalen Herkunftsprägungen, die die europäische Kultur eine Kultur der Vielfalt, des Reichtums und der Fülle sein lassen.

2. Je lebendiger wir in den europäischen Regionen unsere besonderen Herkunftskulturen zu bewahren wissen, desto sichtbarer müssen wir zugleich auch die Einheit der europäischen Kultur halten: die Herkunftseinheit unserer religiösen und moralischen Kultur, unserer Rechtskultur, unserer Literatur und Kunst, in der wir uns über alle nationalen und regionalen Grenzen hinweg wiederzuerkennen vermögen.

3. Die Sichtbarkeit der kulturellen Herkunftseinheit Europas setzt entsprechende Bildung voraus. Die kulturpolitische Geltung der traditionellen Gehalte solcher Bildung nimmt in Prozessen der Modernisierung und Demokratisierung nicht ab, sondern ganz im Gegenteil zu.

4. Daß maßgebliche Werke unserer Kultur sich über den Erdteil hin zerstreut finden, ist der Ausdruck ihrer Maßgeblichkeit. Versuche der Rekonzentration dieser Werke auf ihre historischen Ursprungsregionen würden daher die Einheit der europäischen Kultur unsichtbarer machen.

5. Europa hat viele Museen — aber nicht wegen der Musealität, vielmehr wegen der Dynamik der europäischen Kultur. Die Bewahrung dieser Kultur ist daher in letzter Instanz nicht eine Bewahrung ihrer Relikte, sondern die Bewahrung ihrer Zukunftsfähigkeit.

6. Die europäische Kultur ist eine Kultur des Reichtums an Gehalten, die sich, weltweit, als universalisierbar erwiesen haben. Bis in die Lebenszusammenhänge moderner Wissenschaft, Technik und Wirtschaft hinein findet Europa sich heute durch Folgen der Anstöße herausgefordert, die es anderen gegeben hat. Daß es sich dieser Herausforderung gewachsen zeige — das hat auch für die Kultur Europas den Charakter einer Bewährungsprobe.

7. Die europäische Kultur ist durch die Erfahrung geprägt, daß einzig gewährleistete Bürger- und Menschenrechte Modernität und Liberalität miteinander verbindbar halten. Zu den Aufgaben auch der europäischen Kulturpolitik gehört es, den normativen Gehalt dieser Erfahrung über alle europäischen und sonstigen Mauern hinweg sichtbar zu halten.

Konservativismus, Liberalismus und Sozialismus — stehen sie noch zur Wahl?

Die Frage, ob es sich bei den politisch-ideologischen Orientierungen des Konservativismus, des Liberalismus und des Sozialismus um „politische Archetypen", also um geschichtsepochenindifferente orientierungspraktische politische Optionen, handele, ist eine rein rhetorische Frage. Ihr Zweck ist die Verschaffung einer Eingangsgelegenheit, sie nachdrücklich zu verneinen. Das ist gegenwärtig nicht zuletzt deswegen nötig, weil etliche Intellektuelle, die den Zusammenbruch des real existent gewesenen Sozialismus marxistischer Prägung inzwischen als unumkehrbar hinnehmen, doch die Idee des marxistischen Sozialismus in seiner Originalgestalt für rettungsfähig, ja für rettungsbedürftig halten und inzwischen, den originären Marxschen Intentionen durchaus zuwider, die Geltung dieser Idee durch ihre Platonisierung zeitlos-ewig zu machen suchen.

Demgegenüber bleibt also festzuhalten: Sozialismus wie Liberalismus und Konservativismus sind spezifisch moderne politisch-ideologische Orientierungen. Sie hatten und haben Sinn einzig im Kontext dynamischer Industriegesellschaften. Politische Organisationen vom Parteientypus bildeten sich, in Deutschland, bekanntlich erst im zweiten Viertel des 19. Jahrhunderts. Erst in diesem Kontext formieren sich dann auch die Theorien, Ideologien und schließlich Programme, die als „. . . ismen" zu kennzeichnen seither üblich geblieben ist.

Auf die Ursprungsgeschichte unserer Parteien und auf die Geschichte ihrer jeweils maßgebend gewesenen Programmatik möchte ich mich aber hier nicht beziehen. Ich muß entsprechend darauf verzichten zu zeigen, wie erst im Horizont einer als solcher wahrgenomme-

nen geschichtlichen Bewegung, für deren Zeitgenossen
Erfahrungsraum und Zukunftserwartung auseinander-
getreten sind, geschichtszeitbezogene Optionen — fürs
Zukünftige gegen das Frühere oder umgekehrt — sich
bilden konnten.

Meine Absicht ist vielmehr zu zeigen, daß beim Stand
der industriegesellschaftlichen Modernität, der inzwischen erreicht ist, Konservativismus, Liberalismus und
Sozialismus ihr parteipolitisches Profilierungspotential
weitgehend eingebüßt haben. Anders formuliert: Konservativismus einerseits, Liberalismus andererseits und
Sozialismus überdies eignen sich immer weniger als
Markenzeichen, das die Identität einer Partei gegen die
jeweils anderen Parteien eindeutig und unverwechsel-
bar kennzeichnen könnte. Noch einmal anders formuliert: Es gibt *die* Partei gar nicht mehr, die exklusiv entweder auf Sozialismus oder auf Liberalismus oder auf
Konservativismus zu setzen sich gestatten könnte. Was
einst die Parteien ideologisch eindeutig gegeneinander
profilierte, hat inzwischen den Charakter gleich-
ursprünglicher aktueller Fälligkeiten und Notwendigkeiten gewonnen. Konservativismus, Liberalismus und
Sozialismus definieren Funktionen, deren Erfüllung zu
den Erhaltungsbedingungen hochentwickelter moderner Industriegesellschaften gehört. Das möchte ich
plausibel machen. Soweit das gelingt, ergibt sich daraus
natürlich die Frage, was es für die Zukunft der uns vertrauten Parteien bedeutet, wenn sich Konservativismus, Liberalismus und Sozialismus nicht mehr als politische Optionen begreifen lassen, die in einem Exklu-
sivverhältnis zueinander stünden, wenn sie vielmehr als
Kennzeichnungen komplementärer Funktionen zu gelten haben, deren simultane Erfüllung zu den Erhaltungsbedingungen des politischen Gesamtsystems gehört.

Konservative, liberale und sozialistische Interessen — das ist also die These — verlieren gegenwärtig rasch den Charakter von Interessen, über deren jeweils exklusive Vertretung sich noch Parteien formieren ließen. Nur wer liberal, konservativ und sozialistisch zugleich ist, kann sich heute noch beim Wähler dauerhaft politisch empfohlen halten. Aber wie gesagt: Was das für die Zukunft der Parteien bedeutet, soll hier nicht mehr erörtert werden. Es geht allein um die Plausibilisierung der These des Komplementaritätsverhältnisses konservativer, liberaler und sozialistischer Orientierungen in hochentwickelten modernen Industriegesellschaften. Um Mißverständnissen vorzubeugen, schicke ich noch die Bemerkung voraus, daß insoweit mit dem Sozialismus selbstverständlich nicht der Sozialismus marxistischer Prägung gemeint ist. Es wird hier unterstellt und vorausgesetzt, daß der Sozialismus in seiner spezifisch marxistischen Prägung den Zusammenbruch des real existent gewesenen Sozialismus auch als Idee nicht überdauern wird.

Zunächst möchte ich die Funktionen analysieren, die im Kontext hochentwickelter Industriegesellschaften Konservativismus, Liberalismus und Sozialismus erfüllen. Das Resultat dieser Analysen werde ich jeweils zu Thesen verdichten.

Damit wende ich mich der Beschreibung der Funktionen zu, die konservative Orientierungen im Lebenszusammenhang der modernen Gesellschaft erfüllen. Mit dem Grad der Modernität der modernen Gesellschaft nimmt die Nötigkeit konservativer Orientierung nicht ab. Sie nimmt ganz im Gegenteil zu. Je dynamischer die zivilisatorische Evolution verläuft, um so unabweisbarer drängen sich die Erfordernisse konservativer Lebensorientierungen auf. Das möchte ich einsichtig machen durch exemplarische Vergegenwärtigung dreier spezifisch moderner konservativer Verhaltensweisen. Diese konservativen Verhaltensweisen werden hier nicht postuliert. Sie werden vielmehr als längst ausgebildete Verhaltensweisen konstatiert und beschrieben. Ich wähle für meine exemplarischen Beschreibungen drei Lebensbereiche aus — zunächst den der Ästhetik, dann den unseres kulturellen Naturverhältnisses und schließlich den der Moral. Vielleicht vermißt man in dieser Aufzählung die Politik. Aber darin bekundete sich dann ein Mißverständnis dessen, worum es sich in der Politik im Unterschied zur künstlerischen Praxis, im Unterschied zu unserem kulturellen Naturverhältnis, im Unterschied zur Moral oder auch im Unterschied zur Ökonomie oder zur Religion handelt. Der Zuständigkeitsbereich der Politik beginnt ja nicht erst dort, wo materiell der Bereich der Kultur oder auch der Ökonomie endet. Vielmehr ist die Politik nichts anderes als die Praxis, die kulturellen, ökonomischen und sonstigen Interessen und Ansprüche öffentlich zur Geltung zu bringen und sie dabei zugleich an die Gemeinverträglichkeitsbedingungen ihrer Erfüllung zurückzubinden oder sie sogar zum Inhalt eines öffentlichen Interesses und so oder so mehrheitsfähig zu machen.

Nichts ist geeigneter, uns den konservativen Zug moderner ästhetischer Lebenskultur anschaulicher vor Augen zu rücken, als der Denkmalschutz. Was erklärt ihn? Vormodernen Geschichtsepochen war der Denkmalschutz gänzlich unbekannt. Er entfaltet sich zugleich mit der modernen Industriegesellschaft. Noch im Renaissancezeitalter haben die Römer die architektonischen Hinterlassenschaften des alten Rom als Baumaterial für ihre christlichen Kirchenbauten benutzt. Auch nördlich der Alpen fungierten alte Römertürme als Steinbruch, während wir inzwischen jeden trivialen römischen Meilenstein wie ein Denkmal ausstellen oder

ihn sogar im Provinzmuseum postieren. Wieso also —
das ist die Frage — bilden sich gerade in der modernen
Zivilisation Formen der Vergangenheitskonservierung
heraus, die der vormodernen Vergangenheit selber
gänzlich unbekannt waren?
Die Antwort auf diese Frage wäre, generalisiert gegeben, die Antwort auf die Frage nach der Funktion des
historischen Bewußtseins in der Moderne. Das ist ein
weites Feld. Exemplarische Anschauung des Bestandes
verschafft die von mir gern zitierte Auskunft des Zürcher Städtebauers und Architekten Benedikt Huber.
Huber sagt, daß, wenn die Bausubstanz unserer Städte,
unserer Arbeits- und Wohnquartiere, pro Jahr in einer
Größenordnung von mehr als zwischen zwei und drei
Prozent sich ändert, nämlich durch Abriß und Neubau
oder auch durch Erweiterungsbau an den Siedlungs-
rändern, unserem kollektiven architektonischen Le-
bensambiente die für unser Lebensgefühl so elementar
wichtige Anmutungsqualität der Vertrautheit verlo-
rengeht. In direkter Abhängigkeit von der architektonischen und bautechnischen Innovationsrate werden
uns heute unsere Städte und Dörfer buchstäblich vor
den eigenen Augen fremd, und es ist just diese Erfahrung, auf die wir uns kompensatorisch mit den Leistungen modernen Denkmalschutzes beziehen.
Mit dem Grad der Modernität der modernen Zivilisation wächst zugleich die Zahl der Museen. Wir kompen-
sieren die belastenden Erfahrungen eines änderungs-
tempobedingten kulturellen Vertrautheitsschwundes
mit unseren spezifisch modernen Anstrengungen zur
Konservierung von Hinterlassenschaften der Vergangenheit, die uns in der Zuwendung zu ihnen Gelegenheit geben, komplementär zur Zivilisationsdynamik
Kontinuitätserfahrungen zu machen. Je rascher sehr
vieles fortschrittsabhängig veraltet, um so interessanter

wird uns, was den Vorzug hat, weniger rasch zu veralten, und diesen Vorzug hat in einer modernen Zivilisation nicht zuletzt das sehr Alte. Avantgarde — künstlerische wie politische — möchte bereits heute von morgen sein und ist eben deswegen übermorgen selber von gestern. Das macht dann alterungsresistente kulturelle Bestände um so auffälliger und interessanter. Die entscheidende Eigenschaft dessen, was wir das Klassische nennen, ist genau diese Alterungsresistenz. Je mehr sich die Skyline von Frankfurt derjenigen von Dallas oder Denver annähert, um so unerträglicher wird uns im Rückblick der Gedanke, man hätte dieser Modernisierung nun auch noch die Hinterlassenschaft des großbürgerlichen architektonischen Historismus, nämlich das Opernhaus, zum Opfer gebracht und es gemäß den Wunschvorstellungen eines avantgardistisch bewegten Lokalpolitikers in die Luft gesprengt, anstatt es mit subtilstem konservatorischen Sinn zu restaurieren.

Man mag finden, angesichts der uns real bedrängenden Probleme sei die Demonstration des spezifisch konservativen Zugs modernen öffentlichen wie privaten Lebens durch Rekurs auf den Denkmalschutz und auf unsere blühende Museumskultur geschmäcklerisch. Das bleibe hier dahingestellt. Daß unser modernes kulturelles Naturverhältnis diese abschätzige Kennzeichnung „geschmäcklerisch" nicht verdient, ist indessen jedermann evident. Aber auch insoweit gilt eben: Die Naturschutzbewegung ist eine spezifisch moderne Bewegung, die erst im Kontext der Industriegesellschaft entstanden ist. Die Feier der Natur in ihrem Kontrast zur Industriegesellschaft entfaltet sich als großmächtige kulturelle Bewegung im 19. Jahrhundert. Erst damals organisierte sich der Naturschutz. Damals wurde auch die Einrichtung von Naturparks und sonstigen Reservaten konzipiert. Bis in die Theologie und Kirchengeschichte hinein spiegelt sich das. Erst die im Licht der Schleiermacherschen Schöpfungstheologie geschaute Natur macht es denkbar, Pfingstgottesdienste im „Dom des Waldes" abzuhalten, und auch in den Erntedankgottesdiensten des 19. Jahrhunderts brachte sich jene spezifisch moderne Naturfrömmigkeit zum Ausdruck, die freilich den Barthianern stets verdächtig geblieben ist.

Aber die Bedeutung dieser spezifisch modernen Entdeckung der Natur reicht weit über die im engeren Sinne kulturellen Sphären der Naturästhetik und Naturfrömmigkeit hinaus. Schon im 19. Jahrhundert, also mitten im Zeitalter der Frühindustrialisierung, haben sich Bewegungen der Konservierung der Natur als unserer materiellen Lebensgrundlage vollzogen. Exemplarisch heißt das: Der Schwarzwald, der in Abhängigkeit von der vorindustriellen Energiekrise, die eine Holzkrise war, als übernutzter Wald nahezu vollständig ruiniert war — erodierte Hänge, verschotterte Talböden —, begann sich nun, nämlich über die ihn schonende, industriell verfügbar gemachte Energiequelle der Kohle, zu erholen. Er wurde zum Objekt forstwirtschaftlich angeleiteter Waldrekonstruktion und präsentiert sich erst seither in jener ernsten hochstämmigen Schönheit, die in den einschlägigen Fernsehserien der verklärende Schwenk der Kamera ins Bild bringt. Gewiß: Heute nun ist dieser Wald aus ganz anderen Gründen abermals ernsthaft gefährdet, und darauf bezieht sich unser inzwischen sehr ausgeprägter grüner Naturkonservierungsimpuls. Diesem Konservativismus der inzwischen sogar als Partei organisierten Grünen wird man nicht widersprechen wollen. Insoweit bleibt lediglich geltend zu machen, daß unsere Grünen nicht die Entdecker der Nötigkeit naturkonservativer Verhaltensweisen sind und daß sie überdies nicht selten verkennen, daß unter den Bedingungen unserer dynamischen modernen Zivilisation nicht nur Naturbasen unseres modernen Lebens konserviert sein wollen, vielmehr wesentliche Kulturbasen ebenso.

Das möchte ich, meine Beschreibung der modernitätsspezifischen Funktionen des Konservativismus beschließend, an unübersehbaren Fälligkeiten eines moralischen Konservativismus deutlich zu machen versuchen. Man erinnere sich, daß hochgestellte Politiker die von den Philosophen gern so genannten sekundären Tugenden — Ordnung, Disziplin, Selbstbeherrschung, auch Pünktlichkeit — als obsolet gewordene Tugenden verschrieen haben. Ein amtierender Ministerpräsident, dessen Name hier diskreterweise ungenannt bleiben soll, hielt es sogar für angemessen, einen weltweit geschätzten deutschen Altbundeskanzler darüber zu belehren, daß es sich bei den fraglichen Tugenden in Wahrheit um KZ-Wächter-Tugenden handele. Das soll hier als Ausdruck der spezifisch deutschen Unart, den schlimmsten Teil unserer Vergangenheit zu Zwecken aktueller politischer Selbstdarstellung zu instrumentalisieren, unkommentiert bleiben. Der Sache nach ist es so, daß wir im Lebenszusammenhang der modernen Gesellschaft nicht etwa weniger, sondern mehr als in jeder früheren Gesellschaft auf die moralischen Fähigkeiten der Selbstbestimmung zu Ordnung, Disziplin, Mäßigkeit, auch Pünktlichkeit angewiesen sind. Wer das im erziehungspolitischen und pädagogischen Zusammenhang hintertreibt, ruiniert systematisch die Fähigkeit junger Menschen, die außerordentlichen Möglichkeiten des Lebens in der modernen Gesellschaft selbstverwirklichungsdienlich zu nutzen, und begünstigt somit zusätzlich indirekt jene, die durch die glücklicheren familiären und sonstigen kulturellen und sozialen Lebensverhältnisse, in die sie hineingeboren sind, in ihren nicht zuletzt von sekundären Tugenden abhängigen Fähigkeiten zu selbstverwirklichungsdienlicher Selbstbestimmung sich ohnehin schon begünstigt finden.

Um das anschaulich zu machen, rekurriere ich auf das Faktum spezifisch moderner Freiheit. Freiheit — das ist ein großes Wort. Eine sehr einfache und zugleich sehr elementare Bedeutung dieses Wortes ist die Verfügung über Zeit, und gemessen an diesem Maß verfügbarer Zeit, war nie eine Zivilisation freier als unsere. Technisch induzierte Produktivitätssteigerungen einerseits und gewerkschaftlich unterstützte Abschöpfungen dieser Produktivitätssteigerungen durch Reduktion der Berufsarbeitszeit andererseits haben das möglich gemacht. Das bedeutet: Wie nie zuvor dehnen sich heute die Lebenszeitanteile, in denen nichts geschähe, wenn es nicht selbstbestimmt geschähe. Für das Individuum bedeutet das: Wie nie zuvor findet es sich unter den Druck der Herausforderung gestellt, aus Freiheit durch selbstbestimmte Tätigkeit Sinn, Lebenssinn, zu machen. Und nun bedarf es keiner ausführlichen Plausibilisierungsbemühungen, um zu erkennen, daß gelingende Selbstbestimmung nicht nur, aber nicht zuletzt Tüchtigkeit in Sekundärtugenden zur Voraussetzung hat. Exemplarisch heißt das: In vormoderner Lebensverbringung war Pünktlichkeit eine Sache ohne sonderliche Bedeutung. Uhren waren kaum verbreitet. Modernität hingegen bedeutet unter anderem die Nötigkeit, Handlungen mit regional und sozial sehr entfernten anderen temporal koordinieren zu müssen, und durch die Ausbildung der Sekundärtugend der Pünktlichkeit entsprechen wir dem. Wer den sogenannten Wertewandel mißversteht und vermeint, die Sekundärtugend der Pünktlichkeit sei inzwischen als repressiv entlarvt, bewirkt damit im Erziehungszusammenhang nichts anderes als die Destruktion von Kommunikationschancen, die zu nutzen und durch die uns selber zu fördern ohne die Sekundärtugend der Pünktlichkeit ersichtlich nicht möglich ist.

In der Zusammenfassung heißt das: Tugendkonservativismus steigert die Chancen zur Nutzung des historisch beispiellosen Reichtums an Möglichkeiten selbstbestimmter Lebensführung, die uns in der modernen Wohlfahrtsgesellschaft zugewachsen sind. Das gilt, wie gezeigt, sogar für die sekundären Tugenden. Für die primären Tugenden gilt es ohnehin.

Abschließend sei, wie angekündigt, der Versuch unternommen, jenen hier gemeinten Konservativismus, dessen funktionale Nötigkeit mit der modernen Gesellschaft nicht abnimmt, sondern ganz im Gegenteil zunimmt, auf einige wenige Grundsätze zu bringen.

Erstens: In einer dynamischen, fortschrittsgeprägten Zivilisation wird die Konservierung zukunftsfähiger Herkunftsbestände ein zwingendes Erfordernis unserer Modernitätsfähigkeit — ästhetisch wie moralisch, alltagskulturell wie in unserem Naturverhältnis.

Zweitens: In einer Zivilisation, in der nicht die Folgen des aufgehaltenen Fortschritts, vielmehr die Nebenfolgen des längst stattfindenden Fortschritts uns zu schaffen machen, gewinnt die Katastrophenvorbeugung Priorität vor der Verwirklichung konkreter Utopien, das heißt vor der Verpflichtung aufs unerprobte vermeintlich Bessere.

Drittens: In einer Zivilisation, in der nicht die Erstarrung der Lebensverhältnisse uns bedrängt, vielmehr die Überforderung unserer Kapazitäten individueller wie institutioneller Innovationsverarbeitung, ist der Weltverbesserungswille vor dem Welterhaltungswillen beweislastpflichtig.

Die Charakteristik der spezifisch modernen funktionalen Nötigkeit des Konservativismus mußte etwas aus-
führlicher ausfallen, weil wir — das hängt mit den se-
mantischen Anmutungsqualitäten des Fremdworts
„Konservativismus" zusammen — den Konservativismus als Bedingung unserer Modernitätsfähigkeit zu sehen noch am ehesten Schwierigkeiten haben. Im Liberalismus eine Modernitätsbedingung zu erkennen fällt
uns weniger schwer, und entsprechend kürzer darf die
Plausibilisierung dieses Zusammenhangs ausfallen. Um
die funktionale Nötigkeit, und zwar wachsende funktionale Nötigkeit des Liberalismus zu erkennen, genügt
es, sich eine entscheidende strukturelle Konsequenz gesellschaftlicher Modernisierungsvorgänge vor Augen
zu rücken. Worum handelt es sich? Modernisierung bedeutet insoweit die fortschreitende Expansion unserer
mittelbaren Abhängigkeiten von sozial wie regional
entfernten anderen bei relativer Rückläufigkeit unserer
unmittelbaren Abhängigkeiten voneinander. In wirtschaftlicher Hinsicht bedeutet das Verlust jener hoch-
gradigen Autarkie, die noch unmittelbar vor dem
Take-off des Industrialisierungsprozesses viele bäuerli-
che Betriebe auszeichnete.

Den Verlust solcher Autarkie als eben „Verlust" zu
kennzeichnen — das könnte das Verständnis des Vorgangs in die falsche Richtung lenken. Komplementär
zu diesem Verlust verhält sich ja der Gewinn an immer
weiter ausgreifenden Kooperationschancen, an Möglichkeiten der Steigerung der Produktivität unserer Tä-
tigkeiten durch Spezialisierung und Austausch und damit der Nutzung der kognitiven und technischen Innovationen sozial entfernter anderer durch Teilnahme an
Prozessen expandierender Kommunikation. Indem wir
in der modernen Gesellschaft so über immer größere
soziale Räume hinweg über Prozesse des Austausches

66

von Sachen und Informationen mittelbar immer abhängiger voneinander werden, nimmt zugleich die kulturelle Homogenität der Kommunitäten ab, in denen wir sozial und politisch koexistieren. In einer modernen Gesellschaft zu leben bedeutet insofern, wie nie zuvor in Gemeinschaft mit solchen zu existieren, deren Orientierungen und Herkunftsprägungen gerade nicht von der Art unserer eigenen sind — konfessionell, sprachlich, kulturell, weltanschaulich, sozial oder parteilich. Das bedeutet: Die Menge dessen, was in einer modernen Gesellschaft allen Mitgliedern der Gesellschaft als gemeinverbindlich angesonnen werden kann, nimmt mit der Modernität moderner Gesellschaften fortschreitend ab.

Um es im krassen historischen Vergleich zu sagen: Nach dem Zerfall der alteuropäischen Glaubenseinheit hat man es noch über Jahrzehnte, ja Jahrhunderte hinweg für selbstverständlich gehalten, daß die Einheit eines Gemeinwesens die Einheit aller Bürger oder Untertanen im maßgebenden Glauben zur Voraussetzung habe. Die Erfahrungen des konfessionellen Bürgerkriegs haben dann den Gedanken der Toleranz, ja schließlich der Religionsfreiheit erzwungen, was nichts anderes bedeutet als den politischen Verzicht auf Durchsetzung kultureller, nämlich konfessioneller Homogenität der Gesellschaft. Eindrucksvoll dokumentiert sich diese Rückläufigkeit dessen, was im Kontext moderner Gesellschaften ihren Mitgliedern als gemeinverbindlich anzusinnen für möglich gehalten wurde und wird, in der Geschichte des europäischen und amerikanischen Verfassungsrechts. Diese Geschichte ließe sich als eine Geschichte fortschreitender Ausweitung derjenigen Lebensbereiche schreiben, die wir nicht zur Disposition des politischen Prozesses, näherhin des Staates und seiner Institutionen gestellt wissen möchten. Komplementär dazu ist das Ideal der Durchdemokratisierung aller Lebensbereiche ein totalitäres Ideal, und in den plebiszitären Diktaturen war es erfüllt.

Man erkennt: Der Liberalismus ist die politische, vorzugsweise verfassungsrechtspolitische Antwort auf die Frage, was uns im modernen gesellschaftlichen Lebenszusammenhang als Verschiedene über immer weitere historische und sonstige Räume hinweg koexistenzfähig macht. Das Programm des Liberalismus ist keineswegs mit dem sogenannten bürgerlichen Rechts- und Verfassungsstaat erfüllt. Wir befinden uns ja gerade gegenwärtig in einer Phase großräumiger politischer Zusammenschlüsse oder Kooperationen — von den Vorbereitungen einer künftigen Europäischen Union bis hin zur weltweiten Kooperation von Staaten und Staatengruppen in Angelegenheiten, die, von der ökonomischen Entwicklung bis zum Umweltschutz, globale Perspektiven haben. Stets will hier politische Koexistenz solcher, die inzwischen real voneinander abhängig geworden sind, im übrigen aber ihr jeweiliges Anderssein zu behaupten wünschen, eingeübt, ja institutionalisiert sein, und „liberal" nennen wir das Insgesamt der Grundsätze, die Verschiedene in Prozessen sich ausweitender mittelbarer Abhängigkeit voneinander sozial und politisch koexistenzfähig machen. Als der marxistische Sozialismus noch real existierte, hielten nicht wenige Intellektuelle dafür, die Geltung der Menschenrechte verhalte sich zur Frage, ob auch die wirtschaftlichen Prozesse, also die Prozesse der Produktion und Distribution, wie im marxistischen Sozialismus in das politische System einbezogen werden oder gerade nicht, indifferent. Die Erfahrungen, die zumal die Menschen, die unter den Bedingungen des marxistischen Sozialismus zu leben hatten, inzwischen machen konnten, sprechen nachdrücklich dafür, daß auch die

Freiheit des wirtschaftlichen Handelns zu den unabdingbaren Menschenrechten gehört und daß auch sonstige Freiheiten gefährdet sind, wenn diese Freiheit wirtschaftlichen Handelns nicht gewährleistet ist.

Die liberalen Orientierungen seien abschließend auf folgende Grundsätze gebracht. Erstens: Der Liberalismus gewährleistet politisch die Nicht-Identität der individuellen und kollektiven Interessen. Zweitens: Der Liberalismus minimalisiert unter Bedingungen objektiv zunehmender Abhängigkeit Verschiedener zur Sicherung der Bedingungen der Konservierung ihrer Verschiedenheiten die relative Menge dessen, was allen als verbindlich angesonnen werden kann. Drittens: Als Anti-Totalitarismus gewährleistet der Liberalismus den formaldemokratischen legitimatorischen Vorrang der Mehrheit vor der Wahrheit, weil nur auf diese Weise der Streit um die Wahrheit sich frei führen läßt.

Mit der Funktion des Sozialismus im Kontext moderner Gesellschaften macht man sich am besten im Ausgang von der Frage bekannt, worauf denn eigentlich die Massenzustimmung beruht, derer sich, unbeschadet aller intellektuellen Zivilisationskritik, die moderne Zivilisation bis heute erfreut. Die Dynamik dieser Zivilisation, die uns inzwischen zu schaffen macht, bliebe ja ohne die historisch beispiellosen Lebensvorzüge dieser Zivilisation unverständlich. Unverständlich bliebe auch jene Attraktivität der wissenschaftlich-technischen Zivilisation, die sie heute über den ganzen Globus sich ausbreiten läßt und auch in jenen Regionen hat Fuß fassen lassen, zu deren eigenständigen Herkunftskulturen die wissenschaftlich-technische Zivilisation sich fremd verhält. Welches sind denn die Lebensvorzüge, die den Verheißungscharakter der wissenschaftlich-technischen Zivilisation noch immer ausmachen? Diese Lebensvorzüge haben leider die mißliche Eigenschaft, nicht von intellektuellem Glanz umstrahlt zu sein. Sie sind, sozusagen, nicht feuilletonfähig. Sie sind daher im intellektuellen Oberschichtenmilieu nicht sonderlich geschätzt, wohingegen zum Beispiel in den Traditionen der Arbeiterbewegung sehr und bei den Armen in aller Welt ohnehin. Um welche Lebensvorzüge handelt es sich also? Die wissenschaftlich-technische Zivilisation hat, erstens, die Menschen vom physisch niederdrückenden Zwang schwerster Arbeit befreit. Sie hat, zweitens, über technische und organisatorische Innovationen die Produktivität der Arbeit gesteigert. Sie hat, drittens, über Steigerung der Produktivität der Arbeit die Wohlfahrt gemehrt, das Massenelend beseitigt und die Gesundheit der Menschen breitenwirksam mit bedeutsamen Gewinnen an durchschnittlicher Lebenserwartung gehoben und gefestigt. Sie hat also, viertens, über Mehrung der Wohlfahrt die soziale Sicherheit gemehrt und schließlich über die Mehrung der sozialen Sicherheit den sozialen Frieden sicherer gemacht.

Man erkennt: Es handelt sich um höchst triviale Dinge, die aber, wie das Triviale zumeist, fundamentale Bedeutung haben. Der Zivilisationsprozeß hat in diesen seinen Fortschrittsgehalten nicht getrogen, vielmehr die Verheißungen weitgehend erfüllt, die sich bereits in seiner Frühzeit mit ihm verbanden. Das, wofür uns der zivilisatorische Fortschritt gut gewesen ist, hat sich auch heute nicht verflüchtigt. Es hat vielmehr unverändert seinen jedermann erkennbaren Ort auf der Gemeinplatzebene, ist zustimmungsfähig, ja zustimmungspflichtig geblieben.

Wahr ist, daß uns inzwischen die Folgelasten des zivilisatorischen Fortschritts drücken, und es liegt mir gänzlich fern, diese Folgelasten zu bagatellisieren. Aber sie haben, unbeschadet ihres Lastencharakters, den zivilisatorischen Fortschritt nicht als Illusion entlarvt. Sie verhalten sich vielmehr zu diesem Fortschritt, der für Millionen und aber Millionen Menschen, die früher im Elend lebten, tatsächlich ein Fortschritt gewesen ist, als Kosten. Wahr ist überdies, daß in vielen Lebenszusammenhängen die Kosten des Fortschritts längst rascher als die Lebensvorzüge wachsen, die der Fortschritt gebracht hat und bringt. Aber selbst das bedeutet nicht, daß der Fortschritt gar keiner gewesen sei. Es bedeutet vielmehr, daß auch der Fortschritt durch einen abnehmenden Grenznutzen bestimmt ist.

Aber die Erörterung dieser Zusammenhänge gehört in einen anderen Kontext. Für das Verständnis der funktionalen Bedeutung des Sozialismus kommt es darauf an zu erkennen, daß der Industrialisierungsprozeß zwangsläufig und nötigerweise politische Massenbewegungen provoziert, die auf den Wohlfahrtsertrag der industriegesellschaftlichen Modernisierung Ansprüche erheben und die Umverteilungsprozesse formieren, die die Löhne wachsen, die Arbeitszeit sinken und die sozialen Standards in der Schutzgewährleistung gegenüber Unfall, Krankheit und Alter sich anheben lassen. Man braucht, um die funktionale Zugehörigkeit sozialer Bewegungen zur industriegesellschaftlichen Modernisierung zu erkennen, nicht einmal auf die Idee der sozialen Gerechtigkeit zu rekurrieren. Diese Idee hat, anders als die liberalen Grundnormen, kein scharf geprägtes Profil. Aber sie hat doch nichtsdestoweniger in den Extremlagen modernitätsspezifischen sozialen Elends sich irresistibel zur Geltung gebracht. So oder so läßt sich — zusammenfassend — der Sozialismus als die Bewegung charakterisieren, die die in der modernen Gesellschaft erreichbar gewordenen Lebensvorzüge unter Gesichtspunkten der Verteilungsgerechtigkeit politisch thematisiert. Die Unvermeidlichkeit dieses Vorgangs könnte nur derjenige in Frage stellen, der vermeinte, der Markt, der als Instanz der Steuerung der wirtschaftlichen Prozesse der Produktion und Distribution sich durch eine politische Steuerungsinstanz erwiesenermaßen nicht äquivalent ersetzen läßt, gewährleiste ohne weiteres Zutun zugleich auch optimale, das heißt sicheren sozialen Frieden bewirkende Verteilungsgerechtigkeit. Das annehmen zu wollen wäre aber in einem Ausmaß weltfremd, das uns berechtigt, darauf gar nicht erst einzugehen. Es genügt insoweit, auf das Faktum der Zugehörigkeit sozialer Bewegungen zur Geschichte moderner Industriegesellschaften zu verweisen, um zu erkennen, daß der Sozialismus im Kontext moderner Politik eine eigenständige Funktion erfüllt. Nicht das brutale Faktum der Armut hat den Sozialismus in seiner skizzierten Funktion nötig gemacht, vielmehr der industriegesellschaftliche Fortschritt, der Massenarmut und Massenelend erst tendenziell überwindbar machte. Der Sozialismus ist eine Funktion des Zuwachses umverteilungsfähiger Lebensgüter, und erst die moderne Industriegesellschaft hat jene Umverteilungschancen geschaffen, die der Sozialismus als politische Bewegung zu nutzen strebt.

Auch der Sozialismus in der charakterisierten Funktion läßt sich auf einige wenige Grundsätze bringen. Erstens: Der Sozialismus verhält sich konservativ zum Wohlfahrtsnutzen moderner Industriegesellschaften. Zweitens: Der Sozialismus fördert über die formale Rechtsgleichheit liberaler Prägung hinaus innerhalb der ungewissen Grenzen gegebener realer Möglichkeiten reale Chancengleichheit für unsere Partizipation an den Lebensvorzügen der modernen Gesellschaft. Drittens: Der Sozialismus erhebt die Solidarität mit denjenigen, die in Abhängigkeit von indisponiblen Lebensumständen über Chancen der Chancengleichheitsnutzung nicht verfügen, zur öffentlichen Pflicht.

Soweit die funktionale Charakteristik jener politischen Orientierungen, die uns unter den Namen des Konservativismus, des Liberalismus und des Sozialismus geläufig sind. Ich habe diese Charakteristik mit Absicht so fokussiert, daß man erkennt: Es handelt sich um sehr wohl unterscheidbare Orientierungen, die indessen im realen politischen Prozeß sich nicht mehr voneinander trennen lassen. Das bedeutet konkret: Es gibt die Partei gar nicht mehr, die es sich leisten könnte, als konservative nicht zugleich liberal zu sein und zugleich auch Gehalte des Sozialismus in ihre Programmatik aufzunehmen. Analog könnte auch kein Liberaler es sich heute noch leisten, sich nicht zugleich von Impulsen des Konservativismus wie des Sozialismus im skizzierten Sinne leiten zu lassen, und für die im primären Selbstverständnis sozialistischen Bewegungen gilt analog dasselbe. Konservativismus, Liberalismus und Sozialismus sind daher als ideologische Medien exklusiv parteipolitischer Profilschärfung nicht mehr geeignet. Was das für die Zukunft unserer Parteien bedeutet, muß, wie gesagt, hier offenbleiben.

Es sei abschließend noch einmal angemerkt, daß sich aus den hier vorgetragenen Analysen kein Argument gewinnen ließe, das einschlägig Interessierte auf eine Fortdauer auch des Sozialismus marxistischer Prägung hoffen lassen könnte. Der real existent gewesene Sozialismus marxistischer Prägung, der stets auf das Fernziel bezogen war, den Sozialismus im Kommunismus aufgehen zu lassen, läßt sich aus dem Kontext der funktionalen Analysen, wie sie hier vorgenommen worden sind, gar nicht verständlich machen. Er bliebe, wie der Nationalsozialismus, im Kontext einer Theorie des Totalitarismus zu erörtern. Aber das wäre ein ganz anderes, neues Thema. Wichtig bleibt festzuhalten, daß der Untergang des real existent gewesenen totalitären Sozialismus marxistischer Prägung das Wort „Sozialismus" nicht unverwendbar gemacht hat. Es fungiert, wie in Österreich zum Beispiel, bei traditionsreichen sozialdemokratischen Parteien unverändert als Bestandteil des Parteinamens, und kein Wähler verbindet damit noch assoziativ eo ipso „Marxismus" oder „Kommunismus". Auch in Deutschland bleibt die Wahlkampftaktik regelmäßig erfolglos, über das Wort „Sozialismus" die Sozialdemokraten in den Modergeruch des Marxismus zu bringen. Entsprechend braucht man für Zwecke realitätsnaher Beschreibung aktueller politischer Orientierungen einen Sozialismusbegriff, der mit Antimarxismus und Antikommunismus kompatibel ist, und als Name genau dieses Begriffs ist das Wort „Sozialismus" hier gebraucht worden.

Die Nostalgie des Urbanen und die europäische Anti-Revolution des Jahres 1989

Im Kontext der Vergangenheitszuwendung unserer Gegenwartskultur ist die Stadt zum Nostalgieobjekt geworden. Dabei hat diese Zuwendung durchaus Massencharakter. Die Statistiker des Tourismus wollen wissen, daß fast ein Drittel aller Touristen Partizipanten des Städtetourismus seien. Läßt man einmal den Zerstreuungs- und Unterhaltungstourismus, der aufs kulturelle Niveau der großstädtischen Boulevards drückt, beiseite, so hat man es im übrigen mit Stadtbesuchern zu tun, die die vergangene Stadt suchen, das heißt in der modernen Stadt die Relikte ihrer Vergangenheit. Auch auf den Geschäftstourismus paßt diese Unterscheidung. Was die professionellen Messebesucher über das Messegut hinaus noch in der Stadt suchen, ist ja abermals entweder Zerstreuung einerseits oder historisierte Urbanität andererseits. So oder so: Der Nostalgietourismus gehört zu den wirksamsten Faktoren moderner stadtkultureller Entwicklungen, und der traditionelle, aber unverändert aktuelle intellektuelle Lobpreis des Urbanen ist heute unverkennbar nostalgisch getönt.

Die Stadt als Objekt unseres aktuellen Nostalgietourismus ist in wohlbestimmter kultureller Hinsicht tatsächlich ein Herkunftsbestand, der immer tiefer in die Schatten unwiederholbarer Vergangenheit eintaucht. Die Stadt, die wir als intellektuelle Lobredner des Urbanen vor Augen haben, ist vor allem die Stadt des Stadt-Land-Gegensatzes. Urbane Kultur setzt begrifflich die Existenz nicht-urbaner Kultur voraus. In der Metropole zu existieren heißt nicht provinziell zu existieren. In der Tat reicht die Geschichte der Lebensverhältnisse und der ihnen entsprechenden Mentalitäten, in der der

Kontrast von Stadt und Land kulturprägend war, bis tief in unser eigenes Jahrhundert hinein. Die Stadt als politisches, wirtschaftliches und kulturelles Zentrum, die Stadt als Ort extrem verdichteter Kommunikation, die Stadt als Hauptplatz der Produktion und des Austausches von Gütern, die Stadt als Ort aller zukunftsbestimmenden wissenschaftlichen, technischen und künstlerischen Innovationen, die Stadt schließlich als Residenz der politischen Macht — das ist die Stadt, der wir heute bis in die architektonischen und sonstigen städtebaulichen Ausdrucksformen ihrer Zentralität hinein als Nostalgiker des Urbanen zugewandt sind. Aber man täusche sich nicht: Die Stadt in ihrer skizzierten Zentralität, in der zu existieren und an deren Kultur in städtischer Existenz zu partizipieren ein außerhalb der Stadt nicht kompensierbares Privileg war, verliert heute immer rascher ihre Sonderstellung als einziger Ort kultureller Produktionen und Rezeptionen.

Um es zu wiederholen: Die Stadtkultur, aus der heraus sich unsere zivilisatorische Moderne entwickelt hat, ist als singuläres historisches Phänomen ein Kontrastphänomen zur älteren Kultur des Landes, die bis tief ins 19. Jahrhundert hinein auch den weitaus größeren Teil der Bevölkerung prägte. Eben dieser traditionsreiche Gegensatz von Stadt und Land schwächt sich über die außerordentlichen Erfolge der von der Stadt ausgelösten zivilisatorischen Evolution fortschreitend ab. Die Singularität der Stadtkultur, die sich aus der Kultur des Landes heraushebt, wird kraft ihres Ausbreitungserfolgs fortschreitend weggearbeitet. Die Urbanität wird tendenziell universell, und eben deswegen erscheint die Stadt, soweit sie früher einmal das Monopol des Urbanen gehabt hatte, als etwas Vergangenes — und als Nostalgiker dieses Urbanen suchen wir heute dieses Vergangene.

Man ist gut beraten, sich zu dem Vorgang, daß der Vorzugscharakter der Stadt sich mit den Ausbreitungserfolgen der Stadtkultur abschwächt, nicht vorschnell kulturkritisch zu verhalten. Immerhin ist das Ziel des sozialen und kulturellen Ausgleichs von Stadt und Land ein traditionsreiches politisches Ziel; zumal in den sozialistischen Bewegungen hat es von Anfang an eine bestimmende Rolle gespielt. Unheilvoll hat es freilich auch gewirkt, nämlich in der totalitären Zwangsexekution der Anpassung des Landes an die Stadt, die sich für die Sowjetunion seit 1929 Stalin hat einfallen lassen. Die Transformation der Landwirtschaft zur Industrie, die hier über die Kollektivierung von Grund und Boden und Agrarproduktion den Stadt-Land-Ausgleich bringen sollte, hat mehreren Millionen Menschen das Leben gekostet, die mutwillig, ja absichtlich dem Hungertod überantwortet wurden. Fortschrittsideologien waren hier als Legitimationsinstanz von Massentötungen wirksam, und das Ideal der kulturellen Stadt-Land-Indifferenz war ein integraler Bestandteil dieser Fortschrittsideologien. Eine bittere Ironie der Geschichte will es, daß der soziale und kulturelle Ausgleich von Stadt und Land dort, wo er, wie in den liberal verfaßten politischen Systemen, statt dem Willen der totalitären Einheitsparteien und ihrer Diktatoren dem freien Ablauf der zivilisatorischen Entwicklungen überantwortet blieb, sogar sehr viel rascher vorangekommen ist. Der „Idiotismus des Landlebens", dessen Liquidation bereits Marx zum Programm erhoben hatte, wird heute noch am ehesten in den Ländern des real existent gewesenen Sozialismus beklagt, während im „Kapitalismus" Relikte vorindustrieller agrarökonomischer Produktionsweisen zu Nostalgieobjekten eines alternativkulturellen Spätrousseauismus avanciert sind.

Es lohnt sich, sich die wichtigsten Fakten und Faktoren des inzwischen weit fortgeschrittenen kulturellen Stadt-Land-Ausgleichs zu vergegenwärtigen. Es handelt sich dabei um Fakten und Faktoren, die wir alle kennen. Sie sind insoweit trivial. Aber sie sind für das Verständnis des Verfalls der ehemals privilegierten Position urbaner Kultur zugleich fundamental. Worum handelt es sich? Erstens bewegt sich in den hochentwickelten Gesellschaften der Anteil der noch unmittelbar in der Landwirtschaft Beschäftigten rasch rückläufig gegen die Fünf-Prozent-Marke. In einigen Ländern ist der fragliche Anteil sogar schon unter diese Marke abgesunken. Dabei hat sich zugleich der Charakter der Landarbeit radikal verändert. Diese Arbeit ist längst, wie andere Erwerbstätigkeiten in unserer Gesellschaft auch, voll professionalisiert. Sie vollzieht sich in Nutzung von hochentwickelten technischen Arbeitsgeräten, die der modernen Industrieproduktion entstammen. Ihre betriebswirtschaftlichen, inzwischen auch ökologischen Rahmenbedingungen sind Gegenstand elaborierten Expertenwissens. Für die Verbreitung dieses Wissens sorgen Berufsschulen, Fachpresse und Berufsverbände. Von einem Gefälle beruflichen Kompetenzniveaus zwischen Stadt und Land kann nicht mehr die Rede sein. Wie wäre es anders möglich, daß heute ein Zwanzigstel der Berufstätigen den übergroßen Rest der Bevölkerung ernährt, während noch zu Beginn der Industrialisierung drei Viertel der Bevölkerung in der Urproduktion tätig waren?

Zweitens entspricht diesem dramatischen Wandel der Dinge eine Tendenz des Ausgleichs zwischen Stadt und Land nach Einkommen, Lebensstandard und Lebensstil. Exemplarisch heißt das: Die Identifizierung von Ländlern im Stadtmilieu an Markttagen, die noch vor fünfzig Jahren durch den puren Anblick möglich war, fände heute weder in der Kleidung noch in der Sprache, noch im Benehmen Anknüpfungspunkte.

Drittens sind inzwischen auch die Ausbildungs- und Karriereorientierungen der Jugendlichen in Stadt und Land im wesentlichen dieselben. Die noch verbliebenen geringen Differenzen in der Abiturientenquote werden in wenigen Jahren weggearbeitet sein. Für den Studentenanteil der Altersjahrgänge gilt Analoges, und die heutige Dichte der Bildungseinrichtungen im Raum macht in Verbindung mit der modernen verkehrstechnischen Mobilität Schul- oder Hochschulbesuch wohnortunabhängig möglich.

Viertens wirken die sogenannten Massenmedien integrierend. Der Stand der Informiertheit über das Weltgeschehen bewegt sich heute überall auf dem gleichen hohen Niveau. Der Nachrichtenkonsum ist gegenüber dem Unterschied ländlicher und städtischer Wohnzimmer, die inzwischen auch in ihrem Ambiente sich gleichen, unerheblich. Entsprechend ausgeglichen ist auch der Grad der politischen Interessiertheiten und Beteiligungen, und auf dem Land wie in der Stadt ist er heute ungleich höher als vor dem Übergang ins Fernsehzeitalter. Die öffentliche Meinung, die sich ohne Medien gar nicht bilden könnte, ist wie die Medien selbst als herrschende Meinung im Raum gar nicht mehr lokalisierbar. Überall ist man im Zentrum, und soweit die herrschende Meinung über die Zustimmungspotentiale, die die Parteien aus ihr zu gewinnen wissen, die politischen Entscheidungsprozesse legitimiert, ja steuert, verliert auch die Macht ihre eindeutig ortsgebundene Residenz. Niemals zuvor waren Regierungschefs, Minister, auch Parteiführer oder Verbandsfunktionäre so wenig permanent in ihren Amtszimmern präsent wie heute. Aber auf den Bildschirmen sind sie omnipräsent, und die politische Bedeutung, die das hat, ist nicht metropolitan gebunden.

Fünftens gleichen sich über Lebensstile, Bildung und Technik auch die Kommunikationsstrukturen einander an. Überall werden ins Fernsprechnetz raumunabhängige soziale Beziehungen eingehängt. Auch auf dem Land löst sich die Großfamilie auf; aber kommunikativ sind heute größere Familienkreise als jemals zuvor zusammengebunden — zur Verabredung von Besuchen, Feiern, auch Ad-hoc-Leistungen und -Hilfen im Notfall. Für Freundeskreise gilt Analoges. Das Vereinswesen blüht überall, und bei den Verbandsumzügen der Schützen- oder Feuerwehrvereine, für die man in der Tat auf die Infrastruktur der Hauptstädte angewiesen bleibt, sind ihrem Anblick nach Landrepräsentanz und Stadtrepräsentanz vollständig ununterscheidbar geworden.

So könnte man lange fortfahren, um zu demonstrieren, wie mit dem Grad der Modernität unserer Zivilisation die Stadtkultur zur universellen Kultur wird und in eins damit von ihrer Gebundenheit an die Lokalität der Stadt fortschreitend unabhängiger wird. Das gilt gerade auch für die Kultur in der engeren Bedeutung dieses Wortes, nämlich als freie Kultur, in deren Hervorbringungen und Aneignungen, zumal in der Kunst, wir über unsere materiellen Lebensvoraussetzungen hinaus uns selbst gewinnen. Über viele Monate des Jahres hin braucht man heute nicht in die große Stadt zu reisen, um Solisten des ersten Geltungsranges hören, Zelebritäten am Dirigentenpult bewundern oder berühmte Schauspieler agieren sehen zu können. Wer ferienhalber nicht gerade früher einmal einsam gewesene Inseln anfliegt, sondern sich mit amönen Landschaften in unseren eigenen Breiten begnügt, findet kulturell, was er sucht, in der Festspielzeit in der sogenannten Provinz überall, und das nicht selten in einer Konzentration großer Programme und großer Namen, wie man sie selbst in mittleren Großstädten schwerlich antreffen könnte. Es erübrigt sich, das exemplarisch zu schildern — von Bayreuth bis Luzern und von Salzburg bis Ossiach, um im deutschen Kulturraum zu bleiben.

Gewiß: Der avantgardistisch orientierte Kunstfreund rümpft über Festspielprogramme gern die Nase, wobei er freilich übersieht, daß ja der Aufführungsstil klassischer Werke von der Regie übers Bühnenbild bis hin zum Umgang mit den musikalischen Tempi in den bedeutenderen Fällen seinerseits Spitzenkunst im avantgardistischen Sinne dieses Begriffs repräsentiert. Überdies hat die Avantgarde längst ihre eigenen Festspiele konstituiert. Dabei schätzt sie in auffälliger Weise gerade die sogenannte Provinz. Das ergibt sich aus der esoterischen Orientierung der Avantgarde, die auf das Massenpublikum der Großstadttouristen gar nicht spekuliert, vielmehr mit der Präsenz reisender Intellektueller rechnet. Literaturkenner treffen sich in Klagenfurt oder in Olten, die musikalische Avantgarde versammelt sich in Donaueschingen, und zur Documenta reist man nach Kassel, das gewiß eine Metropole ist, aber eben doch die von Nordhessen. Die Untersteiermark wird man auch nicht gerade für eine metropolitan geprägte Landschaft halten, und nichtsdestoweniger findet just hier alljährlich eines der bedeutendsten Avantgarde-Festivals statt, nämlich der Steirische Herbst — in Übereinstimmung mit der Rolle von Graz als einem Zentrum avantgardistischer deutschsprachiger Literatur.

Selbst in Kleinstädten betätigt sich heute jede Sparkasse mäzenatisch und stellt ihre innenarchitektonisch auf den letzten Stand der Entwicklung gebrachte Kassenhalle den Künstlern ihres Kundeneinzugsgebietes als Ausstellungsraum zur Verfügung. Gewiß: Wer kennt schon die Namen der Künstler, die sich hier präsentieren? Aber das ist ja bei der übergroßen Mehrzahl der Künstler, die zufällig in der Großstadt wohnen und produzieren, gar nicht anders. In einer medial integrierten Kultur wird Aufmerksamkeit zum knappsten aller Güter, und um Aufmerksamkeit wird konkurriert. Aber die Großstadt ist nicht mehr der exklusive Ort der Austragung dieser Konkurrenzen. Auch die Feuilleton-Redaktionen sind heute mobile Redaktionen, und entsprechend schwächt sich der Vorzug ab, der im Kampf um die Aufmerksamkeit des Publikums einst mit der Präsenz in der Großstadt verbunden war. Wahr ist, daß wir noch immer die ganz großen Namen überwiegend mit den ganz großen Plätzen verbinden. Nichtsdestoweniger läuft man Gefahr, sich über den Rang dessen, was in der Kunst in der sogenannten Provinz geschieht, durch die Gesetze der Medienpublizität täuschen zu lassen. Der Wert der Publizität ist ein mehr Publizität heckender Wert. Das heißt: Bei der begrenzten Kapazität unserer Aufmerksamkeit wenden wir sie stets zunächst demjenigen zu, der ohnehin schon bekannt ist, und wir mehren so seinen Bekanntheitsgrad. Das bedeutet aber, daß die Korrelation von Publizität und Rang fortschreitend zufallsabhängiger wird. Komplementär dazu nimmt die Wahrscheinlichkeit zu, daß man auch in der sogenannten Provinz auf Künstler ersten Ranges trifft, deren Publizität aus den erwähnten Zufallsgründen regional begrenzt geblieben ist. Wie nie zuvor sind entsprechend unsere Fähigkeiten auszuwählen („Prüfet alles und behaltet das Gute") herausgefordert, und die Wahrscheinlichkeit, eklektisch fündig zu werden, verteilt sich im Raum fortschreitend indifferent gegenüber dem Unterschied von „Provinz" und „Metropole".

Selbst Museen werden heute in wachsender Zahl außerhalb der großen Städte errichtet. Alteuropäische Kunst, mit der sich an ihren Höfen die Fürsten umgaben, bleibt natürlich hauptstädtische Kunst, und ihre Präsenz in den altberühmten Museen der großen Plätze gehört ja zu den wichtigsten Attraktoren des blühenden Großstadttourismus. Sammlungen moderner Kunst jedoch werden in wachsender Zahl an abgelegener Stelle musealisiert — dort, wo sie entstanden ist, oder auch dort, wo ein bedeutender Sammler sich in Erinnerung an seine kleinstädtische Kindheit zur Ruhe setzt. Für Worpswede zum Beispiel gilt das oder neuerdings auch für Emden; um die bedeutendste ständige Sammlung der Bilder van Goghs zu sehen, muß man bekanntlich in ein holländisches Naturschutzgebiet reisen.

Auch um Kennerschaften auszubilden, bedarf es heute nicht mehr des Daueraufenthalts in den Metropolen. In der Musik wie in der bildenden Kunst haben die Reproduktionstechniken einen Standard erreicht, der für den größeren Teil der Kunststudien, über die man zum Experten wird, das Studium der Originale entbehrlich macht. Inzwischen gibt es sogar schon Museen, deren Exponate überwiegend Replikate sind. Das moderne Herostratentum, das die berühmtesten Kunstwerke heute wie nie zuvor durch Attentäter gefährdet sein läßt, wird diese Entwicklung noch beschleunigen. Die rückläufige Bedeutung des Originals für die Ausbildung von Kennerschaften stützt übrigens nicht die berühmte These Benjamins, daß das Kunstwerk im Zeitalter seiner Reproduzierbarkeit einen Auraverlust erleide. Es gibt nicht viele Sätze, die gleichzeitig so prominent und so falsch wie der zitierte Satz Benjamins sind. Nicht die nie gesehene Mona Lisa, vielmehr die millionenfach in zahllosen Prachtkunstbänden abgebildete Mona Lisa ist doch in ihrer Originalgestalt das Objekt der Massenwallfahrten moderner Kunsttouristen. Erst die reproduktive Allgegenwart großer Kunst verwandelt ihr Original in ein Kultobjekt, dem das Publikum in permanenter Verehrung zugewandt ist.

Zeit wird in einer mobilen und differenzierten Gesellschaft zur knappsten aller Ressourcen. Entsprechend führen wir alle Uhren und Terminkalender mit uns, und auch die Zeit, in der wir den schönen Dingen des Lebens, der Kultur in der emphatischen Bedeutung dieses Wortes, zugewandt sein wollen, will eingeplant sein. Die Fülle dessen, was uns geboten wird, ist größer als je zuvor. Wir haben auszuwählen; Lebenskunst ist heute nicht zuletzt die Kunst auszuwählen: der Eklektizismus. Selbstverständlich ist in den Metropolen die Menge dessen, woraus wir auszuwählen haben, weitaus größer als anderswo. Aber fast überall, also auch auf dem Lande, ist sie inzwischen so groß, daß nicht der Mangel, sondern die Überfülle das Problem ist, mit dem wir in unserer Tages- oder Jahresverbringung fertig zu werden haben. Überall ist das Angebot überreichlich, und eben deswegen bedeutet es tendenziell immer weniger, dort zu leben, wo die Überfülle am größten ist.

Früher einmal war immerhin die sogenannte Provinz der Bereich, in dem man sich in heimischer kultureller Geprägtheit unter seinesgleichen befand. Den Fremden, den anderen, den Exoten begegnete man exklusiv in den großen Städten, an Handels- und Hafenplätzen. Inzwischen sind die anderen überall: als Gastarbeiter in ländlichen Produktionsbetrieben oder in den kleinstädtischen Versorgungs- und Entsorgungseinrichtungen, als Asylbewerber in Notquartieren und in Migrantenkolonien am Dorfrand. Mit dem Stichwort „multikulturelle Gesellschaft" verbindet sich der Vorzugsaspekt der Sache. Pizzabäckereien sind omnipräsent, Kroaten oder Griechen haben sich erfolgreich in der lokalen Kleingastronomie durchgesetzt. Ihre Wettbewerbsvorteile liegen auf der Hand. Die Arbeitsnormen gewerkschaftlich durchgesetzter Tarifverträge gelten in den Familienbetrieben unserer Gäste noch nicht, und der Einheimische freut sich, wenn er jetzt auch vor Ort auf Speisekarten wiederfindet, was ihn an seinen letzten Urlaub an Schwarzmeerküsten oder auf griechischen Inseln erinnert. Wahr bleibt freilich, daß die Reize des Multikulturellen, denen wir in den hochentwickelten Industrieländern uns heute überall ausgesetzt finden, als angenehm vorzugsweise vor dem Hintergrund unbeschädigter eigener Herkunftskultur wirken. Verdichtet sich hingegen die Erfahrung des Fremden zu dem Eindruck, man werde überfremdet, so sind Spannungen unvermeidlich. So erklärt sich, daß man aus dem Saarland noch vor kurzem gutgemeinte Warnungen vor Deutschtümelei und Ermunterungen zu multikulturellen Orientierungen hören konnte und bald darauf das Verlangen, die Migrationsströme endlich zu kanalisieren und das Asylrecht strenger anzuwenden.

So könnte man mit Schilderungen der Expansion urbaner Kultur, in der sie zugleich ihre Vorzugsstellung verliert, lange fortfahren — vom Sportvereinswesen über flächendeckende Volkshochschulprogramme bis hin zu den inzwischen erreichten Standards medizinischer Alltagsversorgung. Die intellektuelle Abqualifikation mißliebiger kultureller Phänomene als „provinziell" ist inzwischen selber zu einem Provinzialismus geworden. Dabei ist freilich die Provinz, in der sich insoweit die Intellektuellen mit ihrer nostalgisch-urbanen Provinzverachtung befinden, nicht mehr im Raum lokalisiert, vielmehr in der Zeit: Man denkt noch in Kategorien, die ihren vollen Sinn vorgestern hatten und im Kontext aktueller kultureller Evolutionen längst zu Relikten geworden sind.

Der Verlust der Vorzugsstellung, den das Urbane in den kulturellen Entwicklungen der Moderne erleidet und der es eben deswegen zu einem Nostalgieobjekt macht, hat auch seine politische Seite. Deutsche Intellektuelle kultivieren seit langem eine gewisse Revolutionsromantik. Diese Romantik fügt sich übrigens schön zu jener gewissen Anarchie des Geschmacks, die Deutschland kulturell prägt. Man erkennt diese deutsche Anarchie, wenn man sich vergegenwärtigt, wie sich in der Architektur unserer Eigenheim-Siedlungen der Individualismus spreizt, nämlich im Kontrast zum stilistischen Konformismus, der in Dänemark, Holland oder auch England die Wohnviertel prägt und ihnen ästhetisch die Anmutungsqualität der Ruhe verschafft.

Die deutsche intellektuelle Revolutionsromantik also, sie erklärt sich natürlich historisch aus Erfahrungen des Scheiterns deutscher Revolutionen im 19. Jahrhundert von Berlin über Dresden bis nach Wien. Politisch resignierte Alt-Liberale haben nach 1871 die politischen Vorgänge Ende der vierziger Jahre kraß, aber deutlich eine „abortierte Revolution" genannt; mit entsprechender Innigkeit kultivieren wir auch heute noch die Erinnerung an die Revolution, die wir statt dessen gern gehabt hätten. Der Ton auf den Schrifttafeln unserer historischen Museen wird feierlich, wo es die Bilder vom Hambacher Fest zu erläutern gilt oder auch, früher schon, das Aufbegehren der Studenten beim Wartburg-Treffen mit seiner Verbrennung reaktionärer Bücher. Dem entspricht auch der traditionsreiche deutsche intellektuelle Paris-Neid: Einen Nationalfeiertag von der Art des 14. Juli mit seiner politmythischen Wiederholung der Eroberung der Boulevards und der Plätze durch das Volk — das hätten wir gern.

Aber ein Moment von Verklärung ist doch auch dabei, und es empfiehlt sich, über der Erinnerung an die Rolle, die urbane Plätze und Straßen in der Geschichte des politischen Fortschritts tatsächlich gespielt haben, nicht den Terror zu vergessen, zu dessen Schauplatz sich die fraglichen urbanen Stätten alsbald verwandelt haben. Die institutionenfrei-unmittelbar mit Rekurs auf den Volkswillen herrschende identitäre und totalitäre Demokratie („veredelte Demokratie" nannte, wie auf S. 34 erwähnt, Joseph Goebbels die institutionenfrei agierende Herrschaft seines sich durch Massenakklamation legitimierenden Volksführers) ist in allen historisch vorgekommenen Fällen ein sehr liquidationsbereites System gewesen. Richtig ist, daß sich die Zahl der in der Absicht der Reinigung des Volkskörpers Getöteten vom späten 18. Jahrhundert bis in das zweite Viertel unseres eigenen Jahrhunderts ungefähr um den Faktor tausend erhöht hat. Auf urbanen Plätzen ließ sich das, anders als 1793, nicht mehr machen. Man brauchte dafür Todesfabriken. Gleichwohl ist — und das sollte man über unserer historisch verständlichen Nostalgie des Urbanen nicht vergessen — in der Geschichte der neueren Politik der städtische Platz eben nicht nur Stätte der Volkserhebung gewesen, sondern eben auch Stätte totalitärer Volksakklamationen und Stätte unverbrüchlicher Einheit der Massen und ihrer Führer in der Bekundung endlich identisch gewordener individueller und kollektiver Interessen. Als urbane Erbschaft liegen in etlichen Städten Europas von Berlin bis Nürnberg — um bei den deutschen zu bleiben — noch jene riesigen Felder herum, mit denen sich im Kontext urbanen Lebens tatsächlich nichts anderes anfangen läßt, als hier Hunderttausende aufmarschieren zu lassen. Im Anblick dieser städtebaulichen Wüsten vergeht uns die Nostalgie des Urbanen.

Das sind Erinnerungen an Jüngstvergangenes, zu denen man nun freilich die Großereignisse der allerjüngsten Geschichte Europas in Beziehung zu setzen hat. Was sich 1989 in Leipzig und in Berlin, in Bukarest und in Prag abgespielt hat — war es denn nicht noch einmal eine Wiederholung der Revolution in ihrem originären Begriff als politischer Urakt der Selbstbefreiung des Volkes? Und hat sich nicht damit zugleich auch die Stadt als Ursprungsort politischer Freiheit neu manifestiert?

Unzweifelhaft ist das so. Dennoch wäre es falsch, die Ereignisse des Jahres 1989 ohne weitere Differenzierung in der Kontinuität jener Revolutionen zu sehen, als deren Urmuster unseren Revolutionsromantikern seit je die französische gilt. Daß hier Differenzierungen fällig sind, ergibt sich allein schon aus dem Faktum, daß unsere revolutionsromantische Intelligenz die Ereignisse des Jahres 1989 eben nicht einfachhin mit Genugtuung, gar Enthusiasmus begrüßt und kommentiert hat, vielmehr mit Expressionen gemischter Gefühle. Das ist kein Zufall. Die Revolution, die 1989 dem System des real existierenden Sozialismus das definitive Ende bereitet hat, war ja eine Revolution als politische Emanzipation aus einem System, das sich seinerseits just durch die Tradition der Revolution legitimierte. Die Revolution des Jahres 1989 war, um es spitz zu sagen, eine Anti-Revolution. Sie war ein Akt der Aufkündigung des Gehorsams gegenüber den Ansprüchen totalitärer Legitimität, die in den revolutionären Traditionen Europas mit der Oktoberrevolution als Höhepunkt bis in unser eigenes Jahrhundert hinein mitüberliefert worden sind. Die Revolution des Jahres 1989 war als Anti-Revolution ein Akt der Selbstbefreiung aus der revolutionären Tradition der totalitären Demokratie. Sie war damit der Aufbruch zur liberalen Demokratie, und diese ist nach Verfassung und geteilter Gewalt, als Rechtsordnung wie als politisch verfaßte freie Gesellschaft nichts anderes als das System der institutionalisierten Anti-Revolution. Die freiheitliche Demokratie ist das System der institutionell überflüssig gemachten Revolution. In der Revolution des Jahres 1989 vollzog sich die Zuwendung zu einer Ordnung, in der man den Zumutungen, revolutionär existieren zu sollen, nicht mehr unterliegt, und in genau diesem Sinne handelte es sich um eine Anti-Revolution.

Das hat Folgen für die Einschätzung der Stadt als Schauplatz der Politik. Unsere politischen Nostalgiker des Urbanen sehnen sich nach Plätzen und Boulevards als Manifestationsstätten politisierter Öffentlichkeit. Und in der Tat: Die Anti-Revolution des Jahres 1989 ist ohne die Besetzung von Plätzen und Hauptstraßen nicht zu denken. Andererseits: Die physische Macht der zweitausend Menschen, die Ceausescu vor seinem Parteiherrschaftssitz aufmarschieren ließ, um sich akklamieren zu lassen, hätte, als dann diese zweitausend, statt zu akklamieren, Spottlieder zu singen begannen, allein den Sturz des Regimes niemals zu bewirken vermocht. Der Zusammenbruch der totalitären Legitimität war in letzter Instanz ein medialer Vorgang — im exemplarisch zitierten Fall eine irresistible Wirkung des millionenfachen Gesichtsverlusts, den der große Führer erlitt, als er sich auf dem Fernsehschirm statt als anerkennungsgewisser Volksfreund als hilflos-irritiertes Spottobjekt zeigte. Tatsächlich ist Ceausescu unmittelbar nach dieser weltweit wiederholt gezeigten Szene in den Untergrund gegangen. Orwell hat unrecht behalten: Die moderne Informationstechnologie und die in ihrer Nutzung arbeitenden Medien begünstigen die totalitäre Herrschaft nicht, sondern fördern tendenziell die Zersetzung ihrer Legitimitätsgrundlagen.

Soweit die Diagnose richtig ist, die Revolution des Jahres 1989 sei eine Anti-Revolution gewesen, wird sie eine fortschreitende Entpolitisierung der städtischen Öffentlichkeit, die sich auf den großen Plätzen und Stra-

ßen manifestiert, bewirken. Es wäre eine politisch un-
angemessene Nostalgie, das zu bedauern. Man erkennt
das, wenn man sich klarmacht, daß es zur Normalität
freien urbanen Lebens, wie es sich auf Plätzen und Straßen abspielt, gehört, der Aufforderung „Die Straße frei
. . .", wie sie in der Revolutionsgeschichte Europas regelmäßig von marschierenden Kolonnen erhoben
wurde, tunlichst nicht zu unterliegen. In der Tat gibt es
nun in den einst sich marxistisch legitimierenden Ländern den Auftritt der fahnenschwingenden und Trans-
parente tragenden Massen nicht mehr, und das macht
abermals evident, wieso man die Revolution des Jahres
1989 als Anti-Revolution begreifen sollte. Sie bedeutete
eben auch das Ende der Stadt in ihrer fatalen modernen
Rolle, der Schauplatz der irresistiblen Gewalt des organisierten Volkswillens zu sein.

Die frei gewordene Stadt ist durch die Anti-Revolution
mit ihren Plätzen und Straßen den Bürgern zurückgegeben worden, und urbanes Leben, das Parteitagsbe-
schlüssen nicht unterliegt, entfaltet sich neu — auf
Märkten in Handel und Wandel, auf den Boulevards bei
Einkauf und Unterhaltung, bei Stadtfesten und sonstigen Feiern im Kontext unserer blühenden Alltagskultur, und die Demonstrationen unserer zahlreichen, sehr
oft sehr nützlichen Bürgerinitiativen, die auf die Präsenz von Fernsehkameras und damit auf Medienpublizität hoffen, sind auch dabei.

Der real existierende Sozialismus —
nicht trotz, vielmehr wegen seiner schönen
marxistischen Leitphilosophie gescheitert

Noch vor zwanzig Jahren haben prominente Kritiker
liberaler Wirtschafts- und Gesellschaftsordnung vermeint, diese Ordnung sei im wesentlichen die eines
Wohlfahrts- und Konsumentenvereins. Im übrigen sei
sie eine Ordnung fortdauernder Emanzipationsdefizite
und abgeblockter Demokratisierung vergesellschaf-
tungsbedürftiger Lebensbereiche, des wirtschaftlichen
Lebensbereichs zumal. Betäubt durch Konsum und
Medienunterhaltung, nähmen die Massen das hin. Be-
harrliche Kritik des liberalen Systems werde aber, in
Verbindung mit seinen ohnehin sich verschärfenden
Krisen, bewußtseinserweckend wirken und die sozialistische Transformation der bürgerlichen Gesellschaft
erzwingen.
Statt dessen zerfällt die sozialistische Gesellschaftsordnung. Das hat viele Gründe. Die andauernde Wirtschaftsmisere ist einer dieser Gründe und nicht einmal
der wichtigste.
Kritische deutsche Wohlstandsintellektuelle nehmen
den Sozialismus-Flüchtlingen unserer Tage übel, daß
sie vom Wohlstandsgefälle zwischen Ost und West sich
verführen ließen. Gibt es denn nicht höhere Zwecke als
Zwecke materieller Wohlfahrt? Gewiß gibt es sie. Andererseits: Gerade der Sozialismus hatte doch das definitive Ende von Not und ökonomisch-politischer Abhängigkeit verheißen. Er hatte in Anspruch genom-
men, just darin dem Kapitalismus demnächst endgültig
überlegen und historisch voraus zu sein. Eben deswegen war der real existierende Sozialismus, nachdem er
seine Kampfjahre längst hinter sich hatte und nun die

verheißenen Früchte bringen sollte, durch erwiesene ökonomische Leistungsunfähigkeiten in seiner Legitimität ungleich stärker bedroht, als liberale Gesellschaftssysteme durch Wirtschaftskrisen der vertrauten kapitalistischen Art je bedroht sein könnten.

Es lohnt sich, die wirtschaftsideologischen Hintergründe des sozialistischen Legitimitätsverfalls in aller Kürze in Erinnerung zu rufen. Im Riesenumfang der gesammelten Werke Lenins gibt es einen Satz, den jedermann kennt. Er dürfte der mit Abstand meistzitierte Satz Lenins sein. Er lautet: Kommunismus ist Sowjetmacht plus Elektrizität. „Elektrizität" steht dabei metonymisch für jene industriell erzeugte Güterfülle, die dermaleinst, nämlich im Übergang vom Sozialismus zum Kommunismus, die Knappheit besiegen und damit das Problem der Verteilung von Gütern, das ja unter Knappheitsbedingungen stets ein politisches Problem und näherhin ein Herrschaftsproblem bleibt, definitiv entpolitisieren wird. Wo angesichts künftiger Fülle des Verfügbaren niemand mehr Sorge wird haben müssen, zu kurz zu kommen, wird endgültig Friede herrschen. Im Zustand der Fülle ist jedes vernünftige Bedürfnis bedienbar. Man kann, sozusagen, vom Geben zum Nehmen übergehen. Übervorteilungs- und damit Ausbeutungsinteressen entfallen. Damit entfällt auch die Nötigkeit, solche Interessen durch Zwangsmittel niederhalten zu müssen. Der Staat als das Subjekt dieser Zwangsmittel stirbt ab. Die Gesellschaft existiert als klassenlose Gesellschaft versöhnt, und der vergesellschaftete Mensch ist in der Gemeinschaft von seinesgleichen zu sich selbst gelangt.

Dergleichen sticht uns heute wie intellektuelle Protuberanzen wilder philosophischer Spekulation ins Auge. Aber es handelt sich um den Zentralgehalt der marxistisch-leninistischen Doktrin, auf die in der DDR noch bis vor kurzem jeder Jugendgeweihte sich hat verpflichten lassen müssen. Sogar noch in der kunstgeschichtlichen Denkwürdigkeit des früher einmal blühenden Sozialistischen Realismus, der Traktoren und Dynamos für lyrikpflichtig erklärte und in Skulptur und Tafelbild vorzugsweise die Helden der Arbeit verklärte, spiegelte sich diese Doktrin.

Vor diesem ideologischen Hintergrund werden die tiefreichenden Delegitimierungswirkungen anhaltend leerer Regale evident. Eine „Entfesselung der Produktivkräfte" sollte sich im Übergang zum Sozialismus ereignen. Statt dessen sind die Lieferfristen für hochwertige Investitions- und Konsumgüter absurd lang geblieben. Die Wohnungsfrage gilt seit je als ursozialistische Frage, und in der Tat dehnen sich auch im sozialistischen Herrschaftsbereich überall triste Neubauviertel aus. Zugleich aber verfällt großräumig die Altbausubstanz. Wer einst als „Held der Arbeit" prämiert worden war, sollte doch, so meint man, als Rentner üppige Früchte seiner Arbeit genießen können. Statt dessen wurden gerade im Sozialismus die Ruhestandseinkommen ungleich stärker als im Kapitalismus gegenüber dem Arbeitseinkommen abgesenkt. Die Umweltprobleme, gewiß, bedrängen inzwischen die westliche Industriegesellschaft erheblich. Wo man, statt kapitalistisch, in Orientierung am Ideal der Identität individueller und kollektiver Interessen wirtschaftet, sollten dann doch wenigstens die ökologischen Rahmenbedingungen industrieller Produktion erfüllt sein. Aber auch insoweit liegen die Dinge umgekehrt: Die „kapitalistische" Umweltschutzpolitik ist ungleich effektiver als die sozialistische, und es ließe sich unschwer zeigen, wieso das so ist.

Das alles bedeutet: Sozialistische Wirtschaftsmisere ist — als Dauermisere — nicht nur ein wirtschaftspolitisches Problem. Sie ist ein Legitimitätsproblem ersten Ranges. Sie macht aus Genossen Menschen, die sich zur herrschenden sozialistischen Ideologie, statt gläubig, nur noch zynisch verhalten können.

Noch immer gibt es Intellektuelle im Westen, die das bedrückt. Sie fürchten um die Geltung der sozialistischen Ideale. Um welche Ideale handelt es sich? Es ist naheliegend, sich an sie durch Karl Marx erinnern zu lassen, an die Ideale nämlich einer Gesellschaftsordnung, in der die Menschen vor Unterdrückung und Ausbeutung durch ihresgleichen endgültig frei geworden sein werden. So weit, so gut. Aber eben diese Ideale richten sich heute vor allem gegen den herrschenden Sozialismus selbst, der ihnen Realität verschafft zu haben beansprucht. Versprochen war Freiheit. Statt dessen existierte der Sozialismus real hinter geschlossenen Grenzen und nahm so den Menschen die elementarste aller Bürgerfreiheiten, die Freiheit nämlich, das System verlassen zu können, gegen das politisch zu opponieren unerlaubt war. Entsprechend liefen die Menschen davon, wo immer sich eine Lücke im Stacheldraht auftat — die Deutschen natürlich in erster Linie, nachdem ihnen im sozialistischen Teil Deutschlands, anders als den Polen, Ungarn oder Russen in ihren Ländern, die Absurdität zugemutet worden war, selbst noch ihre Nationalität neu sozialistisch definieren und erfahren zu sollen.

Aber der Legitimitätszerfall der sozialistischen Ordnung reicht weiter. Man weiß doch: Opfer, die man für eine gute und gerechte Sache zu bringen hatte, stärken diese Sache. Wer das nicht mehr wissen sollte, möge sich den Grund der Ehrung vergegenwärtigen, die in Polen, in Rußland den Toten zuteil wird, die ihr Leben in der Verteidigung des Vaterlandes gegen die deutsch-nationalsozialistische Unterdrückung zu

94

opfern hatten. Genau komplementär dazu verhält sich die reißende Delegitimierung des Sozialismus durch die Millionenzahl der Opfer des Terrors, zu dem sich die sozialistische Diktatur zum Zweck ihrer eigenen Errichtung und Erhaltung für berechtigt hielt. Inzwischen werden die Schauprozeßtoten rehabilitiert, und den Stätten der Massengräber wird die Würde von Friedhöfen zurückgegeben. Einen solchen umwälzenden Vorgang könnte das marxistisch-leninistische Projekt sozialistischer Geschichtsvollendung nur dann überleben, wenn glaubwürdig gezeigt werden könnte, daß in der Terror-Praxis von den Wegen sträflich abgewichen wurde, die die Väter jenes Projekts gewiesen hatten.

Eben davon kann gar keine Rede sein. Bereits bei Marx selbst vollzieht sich die Verwandlung der kritisch-sozialistischen Theorie in eine politische Ideologie totalitären Typus. „Sie ist kein anatomisches Messer, sie ist eine Waffe. Ihr Gegenstand ist ihr Feind, den sie nicht widerlegen, sondern vernichten will." So ist es gekommen. Der zur Alleinherrschaft gelangte Marxismus hat seine Gegner nicht widerlegt, wohl aber millionenfach vernichtet — nach Maßgabe der terroristischen Selbstermächtigung, die am 18. August 1919 im Tscheka-Organ „Rotes Schwert" zu lesen war: „Uns ist alles erlaubt." Die Frage ist natürlich: Unter welchen Orientierungsvoraussetzungen wußten sich Menschen zu einem solchen Satz legitimiert? Die Antwort ist derselben Nummer des Organs der leninistischen Organisation zur Zerschmetterung der Konterrevolution zu entnehmen. Sie lautet: „Unsere Humanität ist absolut ... Wir sind die ersten in der Welt, die das Schwert nicht zu Zwecken der Versklavung und Unterdrückung ziehen, sondern im Namen der Freiheit."

Die tödlichen Konsequenzen solcher totalitären Selbstermächtigungsformeln bedürfen keiner Erläuterung.

Auch in diesem Falle bedeutet die Einsicht in diese Zusammenhänge das Ende der Ideologie, der die zitierten Formeln entstammen. „Ubi Lenin, ibi Jerusalem" — die Stätte Lenins ist die Stätte des kommenden Heils der Menschheit. So schrieb in deutscher politischer Glaubenstüchtigkeit Ernst Bloch. Das ließe sich inzwischen nirgendwo noch einmal sagen.

Den Deutschen ist, mit einem begrenzten Recht, nachgesagt worden, eine verspätete Nation zu sein. Im Rückblick überkommt einen heute geradezu Rührung in Erinnerung an den beflissenen Eifer, mit welchem nicht zuletzt im akademischen Milieu noch vor zwanzig Jahren zahllose Jung-Intellektuelle willens waren, sich nicht noch einmal zu verspäten, und sich daher bemühten, auf den nach marxistischem Fahrplan verkehrenden Zug in die Zukunft aufzuspringen — kurz bevor dieser Zug auf einem Abstellgleis der Weltgeschichte zum Stehen kam, wo er inzwischen verrottet.

Für die Beurteilung der erstaunlichen Vorgänge, die sich inzwischen im Ostblock abspielen, bedeutet das: Hier vollzieht sich nicht eine Reform des sozialistischen Systems, sondern sein Konkurs. Triumphgefühle sind einem solchen Vorgang gegenüber unangemessen. Es ist gleicherweise eine Sache des gebotenen Respekts vor dem Mut der Verantwortlichen wie des eigenen Interesses, die Abwicklungsvorgänge in jeder nur denkbaren Weise zu unterstützen. Um Beiträge zur Erneuerung des Sozialismus marxistisch-leninistischer Fasson wird es sich dabei nicht mehr handeln, sondern einzig um Beihilfen zur Selbstbefreiung der Länder Ost- und Mittelosteuropas aus den politischen und ökonomischen Fesseln eines Systems, das nicht trotz, vielmehr seiner schönen sozialistischen Leitphilosophie wegen gescheitert ist.

Natürlich kann niemand ausschließen, daß die Kräfte, die heute noch den totalitären Sozialismus repräsentieren, sich doch noch einmal gewaltsam zu behaupten versuchen werden. Aber das würde den Legitimitätsanspruch dieses Sozialismus nur um so unglaubwürdiger machen.

Philosophischer Denkmalsturz
oder das Ende der marxistischen Einheit
von Theorie und Praxis

Nie ist über die politische Rolle der Philosophie größer gedacht worden als im real existierenden Sozialismus. Wann wären denn je zuvor Städte, Großstädte gar, nach Philosophen benannt worden? „The Sciences are Small Power" fand Thomas Hobbes im 17. Jahrhundert in einer Aufzählung wichtiger und weniger wichtiger politischer Einflußgrößen. Es war common-sense-naher Realismus, dabei die Wissenschaften und gar die Philosophie nicht sehr hoch einzuschätzen. Entsprechend konnte, herrschaftsorientiert, eine Schiffslände „Williams Port" heißen oder auch später noch, bei uns, ein Kriegsmarineplatz „Wilhelmshaven". Schlösser nannten sich „Frederiksborg" oder „Friedrichsruh", Universitäten trugen bis ins bürgerliche Zeitalter hinein die Namen ihrer Herrschaftsgründer, und niemandem wäre es damals eingefallen, aus der Friedrich-Wilhelms-Universität eine Humboldt-Universität zu machen. Auch bei mäßiger historischer Bildung und Weltkenntnis klängen uns „Hobbestown", „Descartesville" oder „Kantstadt" sehr befremdlich im Ohr. Es ist evident: Bei traditioneller Verständigung über die Realität des Politischen sowie über die Legitimitätsgründe politischer Ordnung sind Philosophennamen für Zwecke der symbolischen Repräsentation solcher Ordnung kaum geeignet.

Demgegenüber ist der real existierende Sozialismus das System, das erstmals in der Geschichte der Neuzeit die Namen von Philosophen zur Ehre öffentlicher Symbolisierung politischer Legitimitätsansprüche erhoben hat. „Engels" heißt bekanntlich seit 1931 das alte

Pokrowsk, und seit 1953 wohnten die Chemnitzer in „Karl-Marx-Stadt". Die sozialistische Denkmals- und Bilderszene entspricht dem. In Berlin behaupteten Marx und Engels in Denkmalsgestalt eine städtebauliche Position, die der der in der Honecker-Ära wiederaufgerichteten Statue Friedrichs des Großen mindestens gleichkommt. Die Wucht, mit der sich in Chemnitz der Marx-Kopf unübersehbar machte, ist schwerlich zu überbieten; das reicht schon in die Dimensionen wilhelminischer Denkmals-Großarchitektur hinein. Aber es ist eben die Philosophie, die hier in die Funktionsstelle eingerückt ist, die noch im königlichen oder kaiserlichen Wilhelminismus von geschichtsmythischen Größen wie Arminius, dem Cheruskerfürsten, oder auch von einer wehrhaft westwärts gewandten Germania besetzt war.

Es versteht sich von selbst, daß Marx auch im Zentrum Moskaus in Denkmalsgestalt gegenwärtig ist — in Fußgängerentfernung vom Mausoleum Lenins, der in der Hauptstadt des Landes der ersten sozialistischen Revolution und damit des Vaterlandes aller Werktätigen selbstverständlich die Mittelpunktstellung im offiziellen Erinnerungskultus einnimmt.

Marx und Engels waren Denker, aber doch nicht Täter der Weltgeschichte. Lenin war beides, und somit ist in seiner Gestalt die Philosophie von Mecklenburg bis nach Kamschatka und von Kuba bis nach Nordkorea, in Erz gegossen oder in Stein gehauen, rund um den Globus herum omnipräsent geworden. Gewiß gibt es Philosophen von akademischer Profession, die Lenin als Philosophen nicht würden gelten lassen. Aber das ist in unserem Zusammenhang unbeachtlich. Es gehört zur Philosophie, daß Philosophen andere Philosophen als Philosophen nicht anerkennen. Aber gerade in der Intensität solcher Abwehr bekundet sich die Zugehörigkeit des Abgewehrten, und welche Seminarbibliothek wäre denn sonst für ein Werk wie Lenins „Materialismus und Empiriokritizismus" zuständig, wenn nicht die Bibliothek des Philosophischen Seminars? Lenin wird vorzugsweise auf Parteihochschulen studiert, aber in philosophischen Akademien gleichfalls. Im Werk Lenins werden wir theoretisch mit der Revolution als dem erkenntnisleitenden Interesse einer revolutionären Philosophie bekannt gemacht, und in der Zugehörigkeit zur Partei bekundet sich das revolutionäre Engagement, zu dem man als Lenin-Schüler verpflichtet wird. Lenin ist der Erzvater dieser Einheit von Praxis und Theorie — einer Einheit, die erst im Begreifen ihrer selbst in ihren unterscheidbaren Elementen zur Einheit zusammenschließt. Eben deswegen ist in der Person Lenins der philosophische Lehrer der Revolution sogar noch über den Täter erhoben. Entsprechend ist die Ikonographie der Standbilder Lenins vor allem eine Ikonographie des Wissenden, der Weisung und Maßgaben erteilt. Nicht mit den traditionellen Symbolen der Macht ist der große Revolutionär ausgestattet. Er hebt vielmehr im traditionellen Redner-Gestus die Hand, hält in der anderen Hand ein Buch und gibt unterrichtend die Richtung des Weltlaufs an, an dem die Philosophie, die wahre nämlich, nicht scheitern wird, in welchem sie sich vielmehr vollendet. Nicht zufällig ist auch von den Nachfolgern und Nachahmern Lenins die Rolle des revolutionären Weltweisen stets mehr als jede andere Rolle geschätzt worden. Kim Il Sung nimmt sie in den ihm gewidmeten Standbildern noch heute ein, und die Flut seiner in alle großen Sprachen übersetzten Schriften steigt überall in den philosophischen Seminarbibliotheken unaufhaltsam an, denen sie — dem sozialistischen Weltmissionsbefehl folgend — kostenlos zugesandt werden.

Auch wenn es unangenehm ist: Die Philosophie kann auch außerhalb des Geltungsbereichs ihrer Transformation zur Philosophie der endlich erreichten Einheit von Theorie und Praxis nicht gut leugnen, daß die skizzierten Phänomene nicht nur der politischen Geschichte, vielmehr desgleichen der Philosophiegeschichte dieses Jahrhunderts zuzurechnen sind. Die fraglichen Phänomene blieben ja unverständlich, wenn man die Philosophie unberücksichtigt ließe, die ihnen innerhalb des Systems, in welchem sie auftreten, ihre symbolische Repräsentativität verschafft.

Wer zu Philosophiekongressen oder analogen Gelegenheiten nach Moskau, gar nach Peking reist, macht dort nicht nur mit den erwähnten Denkmälern Bekanntschaft. Philosophenporträts füllen die Stirnwände von Konferenzsälen aus, und bei Spartakiaden führen junge Pioniere vor, wie man in koordinierter Bewegung der Individuen großer Kollektive mit Farbtäfelchen stadionbeherrschende Philosophenbilder erzeugen kann.

Inzwischen ist der Sozialismus als Internationalsozialismus in Verfall geraten. In mehreren Ländern hat die Partei der Marxisten-Leninisten, die über so viele Jahrzehnte hin die Diktatur des Proletariats zu exekutieren hatte, ihren Herrschaftsmonopolanspruch offiziell aufgegeben. Dem mußte die emblematische Revolution oder Konterrevolution folgen. In Ungarn hatte man dem auf Kuppeln und Turmspitzen installiert gewesenen roten Stern den Strom abgeknipst, und sprechender noch war das Herausschneiden der sozialistischen Emblematik. Damit hat man nicht nur sinnfällig dem Machtmonopolanspruch des politisch organisierten Marxismus-Leninismus die Anerkennung entzogen. Es ist da zugleich auch die offizielle Fortgeltung der marxistisch-leninistischen Philosophie dementiert, auf die sich jener Machtmonopolanspruch stützte. Das wird selbstverständlich Folgen für die zukünftige Entwicklung der Philosophie haben — in den derzeit noch sozialistischen Ländern wie bei uns selbst. Drei dieser vermutlichen Folgen seien in aller Kürze erörtert.

Erstens steht ein philosophischer Denkmalsturz bevor. Die eingangs skizzierte ikonische Präsenz von Philosophenköpfen im politischen System des Sozialismus ist ja historisch eine schlechthinnige Singularität. Philosophische Theorie als Medium der Selbstlegitimierung parteidiktatorischer Gewalt zum Zweck definitiver Menschheitsbefreiung gemäß der Einsicht dieser philosophischen Theorie in die Gesetzmäßigkeiten des Geschichtslaufs — das hat es niemals zuvor in der Geschichte der Politik wie in der Geschichte der Philosophie gegeben und eben deswegen die öffentliche Omnipräsenz der Denkmäler der philosophischen Genies jener Einsicht auch nicht. Indem nun die Diktaturen, die sich durch Berufung auf die fraglichen Philosophen ideologisch legitimierten, stürzen, verliert auch das entsprechende philosophische Denkmalswesen seine Legitimität. Günstigstenfalls werden sich die Denkmäler, zumindest in einigen Exemplaren, in Denkmäler ihrer selbst verwandeln. Wahrscheinlicher ist, daß sie ihrerseits stürzen. Karl-Marx-Stadt heißt wieder Chemnitz. Selbst in Moskau wird inzwischen — freilich noch nicht offiziell — darüber nachgedacht, ob demnächst nicht Lenin Stalin nachzufolgen habe. Die Idee, eine präparierte Leiche als Hauptkultusobjekt im Mittelpunkt des Sowjetreichs auszustellen, war ja stets eine prekäre Idee gewesen. Es war doch beim besten Willen nicht möglich zu verhindern, daß der prominente Tote, der in seinem Glassarg als Träger kommunistischer Zukunftsgewißheit zu fungieren hatte, den Nachdenklicheren nicht zugleich auch als eindrucksvolles Memento mori erschien. Kein Geringerer als Majakowski hat das schon zur Zeit der Errichtung des Lenin-Mausoleums verspürt. Er schlug nämlich vor, Lenin, anstatt ihn einbalsamiert auszustellen, tief in ein Grab zu versenken und darüber eine moderne Fabrik zu errichten. Das war, was die Fabrik betrifft, durchaus leninistisch gedacht („Kommunismus ist Sowjetmacht plus Elektrizität"). Inzwischen aber steht auch in der Sowjetunion der ideologische Monopolanspruch des Leninismus zur Disposition. Verfällt er, so wird auch Lenins Leiche endlich in einem gewöhnlichen Grabe verfallen dürfen.

Zweitens wird ein Philosophenstreit entbrennen. Es wird dabei im Kern um die Frage gehen, ob die Misere des real existierenden Sozialismus, die inzwischen zum Ferment seiner Zersetzung geworden ist, sich trotz seiner schönen Leitphilosophie oder gerade ihretwegen ergeben hat. Anders als in Frankreich, wo die tonangebende Intelligenz die marxistisch inspirierte Epoche ihrer großen Geschichte längst hinter sich hat, sind deutsche Denker, verdrossen oder auch unverdrossen, geneigt, Marx für einen fortdauernd aktuellen Klassiker der Aufklärung sowie der politischen und sozialen Befreiung und damit für einen der wichtigsten Projektmacher des Projekts der Moderne zu halten. Das mag so sein. Dann bleibt aber doch um so erklärungsbedürftiger, wieso das System des Sozialismus, in dem die Lehren von Marx, Engels und Lenin zum Kanon erhoben worden waren, statt Aufklärung und Freiheit den Völkern in seinem Herrschaftsbereich Dogmatismus, Terror und wirtschaftliche Dauermisere eingebracht hat. Welche kontingenten Faktoren sollten das denn gewesen sein, die aus einer schönen Philosophie im Prozeß ihrer politischen Realisierung ihr genaues Gegenteil haben hervorgehen lassen?

Gewiß: Die Geschichte ist, wie man sagt, ein multifaktorieller Prozeß. Aber soweit eben auch die Philosophie ein geschichtswirksamer Faktor ist — in der skizzierten sozialistischen Denkmalsszenerie jedenfalls ist das vorausgesetzt —, ist doch die Vermutung naheliegend, daß die sozialistische Suppe, die heute niemandem mehr schmecken will, nicht zuletzt ihrer speziellen philosophischen Zutaten wegen so ungenießbar geworden ist. So oder so: Ob die marxistische Philosophie sich in ihren Geltungsansprüchen aus dem Verfall des Sozialismus retten läßt oder nicht — das wird, zumindest in Deutschland, ein Thema der Intellektuellen in ihren fälligen Versuchen sein, diesen Verfall zu begreifen. Ganz auszuschließen ist freilich nicht, daß diejenigen, von denen man einen Versuch der Rettung der marxistischen Denktradition noch am ehesten zu erwarten hätte, statt dessen resignationshalber schweigen. Der dynamischen Entwicklung, deren Zeitzeugen wir sind, verhalten sich Alterungsvorgänge komplementär, und es könnte sein, daß der Marxismus selbst im Spiegel derjenigen Köpfe, die ihn noch im vergangenen Jahrzehnt für rekonstruktionsfähig und fortschreibungsbedürftig hielten, plötzlich als veraltet erscheint. Alsdann würde die gewaltige Wirkungsgeschichte des Werkes von Karl Marx in der definitiven Historisierung seines Werkes enden. Eklektisch ließe sich aber auch dann noch dies oder das aus diesem Werk nutzen — zum Beispiel die Auskunft, daß die Philosophie, zumal als politische Philosophie, bis in ihre jeweilige akademische Gestalt hinein stets von der politischen Realität mitgeprägt wird, der sie zugewandt ist. Wie hätte, wenn das wahr ist, die überwältigende Realität eines marxistisch-leninistisch sich legitimierenden und weltpolitisch ausgreifenden Machtsystems nicht auch außerhalb seine marxistische Philosophie evozieren und in Bewegung halten sollen? Und eben diese Philosophie lebt deshalb selbst dann noch, wenn sie, wie der Marxismus im Westen zumeist, den Sowjetmarxismus als schlechte Praxis einer in ihren Quellen guten Theorie scharf kritisiert, vom historischen Kredit jener Realität. Inzwischen ist dieser Kredit bis auf kleine Reste erschöpft. Das müßte dann auch das Interesse an Marx auf das historische Interesse an einem Autor des 19. Jahrhunderts zurücksinken lassen, der als Klassiker einer politischen Theorie des totalitären Musters in Erinnerung bleiben wird und darüber hinaus als Theoretiker einer Ökonomie, die im sozialdemokratischen Revisionismus schon Ende des 19. Jahrhunderts als definitiv falsifiziert galt.

Drittens steht der Philosophie in den Ländern des philosophisch-ideologischen Postmarxismus eine neue Blüte bevor. Wieso das? Der obligate Grundkurs, den bislang jeder sozialistische Schüler und Hochschüler im Historischen und Dialektischen Materialismus zu absolvieren hatte, wird freilich entfallen. Das wird diejenigen Philosophen funktionslos machen, die über marxistisch-leninistische Kanonistik hinaus nichts zu bieten haben. Aber sehr groß ist in der sozialistischen Welt, zumal in den Akademien, stets die Zahl der Philosophen gewesen, die unter der Herrschaft der marxistischen Orthodoxie apologetische Funktionen zu erfüllen hatten. Apologetik — das ist die Kunst der Widerlegung der Irrtümer der nicht-marxistischen Philosophie. Gemäß „Vorbemerkung" des prominenten Herausgebers einer Reihe von Werken solcher Apologetik heißt das: „Der revolutionäre Charakter des Marxismus-Leninismus als einer Wissenschaft des Kampfes, des Klassenkampfes, impliziert die kontinuierlich geführte prinzipielle Auseinandersetzung mit allen Erscheinungsformen der bürgerlichen und revisionistischen Ideologie." Wer sich als Philosoph einem solchen ideologiepolitischen Geschäft zu widmen hat, scheint sich bornieren zu müssen. Aber es scheint nur so. Die Sache ist nämlich die, daß, wer professionell sich andauernd mit philosophischer Feindliteratur zu beschäftigen hat, nicht umhinkann, schließlich auch ihre Stärken zu erkennen. Man kennt das aus der Zensurgeschichte: Der Geist der Zensoren war stets hochgefährdet durch infektiöse Wirkungen dessen, was sie zu zensieren hatten. Das ist diese Dialektik, gemäß der gerade die Orthodoxie zahllose Intellektuelle, die institutionell auf sie verpflichtet waren, in heimliche Liebhaberschaften mit verbotener Philosophie hineingetrieben hat. Nachdem die Umgangsmoral der Orthodoxie lachhaft geworden ist, können die Philosophen sich jetzt mit ihren philosophischen Lieben Unter den Linden zeigen.

Die Frankfurter Schule
oder das unglückliche Bewußtsein
der intellektuellen Linken

Auch als Stadt der Dichter und Denker ist Frankfurt am Main berühmt. Zu diesem Ruhm hat in unserem Jahrhundert nicht zuletzt die Frankfurter Schule beigetragen — ein Traditionsverbund kritischer Intellektueller, der inzwischen vier Generationen umfaßt.

Am Anfang stand die Absicht, die marxistische Denktradition akademisch zu institutionalisieren. Das war in den zwanziger Jahren tatsächlich aktuell. Das welthistorische Ereignis der bolschewistischen Revolution hatte ja gerade erst stattgefunden. In der Sowjetunion wurde zum ersten Mal in der Menschheitsgeschichte der Versuch unternommen, eine Gesellschaftsordnung nach den Maßgaben einer Ideologie zu errichten, die man für eine Wissenschaft hielt. Die Kommunisten sahen damals in dieser Ideologie eine politische Endsiegsgarantie. Die Sozialdemokraten teilten freilich die kommunistische Heilsgläubigkeit nicht und optierten statt dessen für die erste parlamentarische Demokratie in Deutschland. Aber auch sie verstanden sich damals programmatisch noch als Marxisten.

Wie auch immer: Es lag angesichts der politischen Bedeutung, zu der der Marxismus gelangt war, nahe, nun endlich auch universitätsnah eine marxistisch orientierte gesellschaftswissenschaftliche Forschungseinrichtung zu schaffen.

Das wäre in Deutschland in jenen Jahren nicht überall möglich gewesen. Im weltoffenen Frankfurt gelang es — materiell auf der Basis von Stiftungsmitteln aus dem mäzenatischen Geiste des Kapitalismus. Am 3. Februar

1923 wurde das Institut für Sozialforschung formell gegründet.

Der Marxismus ist eine Theorie der Einheit von Theorie und politischer Praxis. Entsprechend standen in der Frühzeit des Instituts für Sozialforschung, zumal während des Direktorats von Carl Grünberg, Studien zur sozialistischen Theorie und Praxis im Zentrum der Bemühungen. Das sowjetische Experiment beobachtete man zeitweise hoffnungsvoll. Die Sozialdemokratie hingegen galt, zu Recht, als Partei inkonsequenter Marxisten. Ihr Revisionismus geriet in den Verdacht eines opportunistischen Revolutionsverzichts.

Max Horkheimer neigte freilich nicht dazu, sich über die Sowjetunion Illusionen zu machen. Es war doch offenkundig: Nicht erst Stalin, vielmehr schon Lenin hatte den Sozialismus als System diktatorialer Gewaltherrschaft eingerichtet, und das im Namen der marxistischen Theorie. Marx selbst hatte seine Theorie eine „Waffe" genannt, die ihren „Feind" „nicht widerlegen, sondern vernichten will". Hätte es da nicht nahegelegen zu finden, daß es zum leninistisch-stalinistischen Terror nicht trotz der schönen marxistischen Leitphilosophie gekommen ist, vielmehr ihretwegen?

Genau diese Konsequenz hat man im Institut für Sozialforschung nicht gezogen. Was blieb somit, wenn man mit der marxistischen Praxis sich nirgendwo in Übereinstimmung wissen konnte und wenn man dennoch die marxistische Tradition retten und fortsetzen wollte? Die Antwort auf diese Frage ist die berühmte „Kritische Theorie" — Marxismus als reflexionskulturelles Medium der Kritik vermeintlich unbefreiter kultureller und gesellschaftlicher Praxis im real existierenden Kapitalismus.

Mit der Übernahme der Leitung des Instituts für Sozialforschung durch Max Horkheimer im Januar 1931 vergrößerte sich in der Tat die Distanz dieses Instituts zur sozialistischen Praxis. Das heißt keineswegs, daß man sich von der politischen Wirklichkeit abgekehrt hätte. Das wäre in jenen Jahren weltfremd gewesen. Als in Deutschland statt der sozialistischen Revolution die nationalsozialistische Revolution triumphierte, liquidierten die Sieger das Institut für Sozialforschung unverzüglich. Mit anderen berühmten Frankfurter Professoren — Paul Tillich oder Karl Mannheim — wurde Horkheimer im April 1933 offiziell für „untragbar" erklärt und entlassen. Das Institut vermochte seine Arbeit in der Emigration fortzusetzen — zunächst in Genf und dann in den USA.

Wie war der Nationalsozialismus möglich? Zur Beantwortung dieser Frage hat die aus Deutschland vertriebene Frankfurter Schule fortdauernd wichtig gebliebene Beiträge geleistet. Die berühmten Studien zum autoritären Charakter, an denen vor allem Theodor W. Adorno mitgewirkt hatte, sind hier in erster Linie zu nennen.

Es war für die deutsche akademische Welt ein Glücksfall, daß nach dem Untergang der Diktatur der Nationalsozialistischen Deutschen Arbeiterpartei sowohl Horkheimer wie Adorno, als Verfolgte dieser Diktatur, zur Rückkehr nach Deutschland bereit waren. Man hat es ihnen gedankt. Die Universität übertrug Horkheimer alsbald ihre wichtigsten Ehrenämter, die Stadt Frankfurt verlieh ihm ihre Goethe-Plakette und erhob ihn zum Ehrenbürger auf Lebenszeit.

„Interessant" — das ist die passende Charakteristik der Atmosphäre, die das neue Institut für Sozialforschung in Frankfurt in den fünfziger Jahren umgab. Als Historiker konnte man freilich in Frankfurt seine Marxismus-Kenntnisse kaum verbessern. Und als es sich in der zweiten Hälfte der fünfziger Jahre für Sozialdemokraten darum handelte, endlich auch parteiprogrammatisch den Marxismus zu verabschieden, gab es dafür in Frankfurt auch keine Unterstützung. Der Marxismus blieb in Frankfurt sozusagen als schwache intellektuelle Hintergrundstrahlung präsent. Nur dann und wann stieß man auf Relikte harter marxistischer Theoreme — zum Beispiel in Gestalt des oft zitierten Horkheimerschen Diktums, wer vom Kapitalismus nicht reden wolle, möge auch vom Faschismus schweigen. Dieser Satz wirkt noch heute verblüffend, und man fragt sich, wie eigentlich Horkheimer die hochkapitalistische Gesellschaft der USA wahrgenommen hat, in der er doch, als faschismusverfolgter Faschismus-Forscher, so lange zu Gast gewesen war.

Den Eindruck vollendeter Kompetenz gewann man damals vor allem in den glanzvollen Seminaren Adornos zur Ästhetik und Kulturtheorie. Das gilt speziell für die Seminare zur Musikästhetik. Hier wurde noch, unter dem Begriff der Avantgarde, an der Verbindlichkeit der Fortschrittsidee ausdrücklich festgehalten, über deren fortwirkende Kraft jenseits der Sphäre der Kunst, nämlich in Politik und Gesellschaft, die Verfasser der „Dialektik der Aufklärung" längst skeptisch dachten.

Freilich neigte Adorno als ästhetischer Avantgarde-Enthusiast zur Übertreibung. „Hotelbildmalerei oder Moderne: Es geht wirklich nicht mehr anders" — so dekretierte er und machte damit blind für eine Kunst, die sich dieser Alternative heute längst nicht mehr fügt.

Ihre ganz große Publizität hat die Frankfurter Schule erst um die Wende der sechziger zu den siebziger Jahren erlangt. Erst seither ist sie weltweit jedem Philosophiestudenten bekannt und rangiert im Wirkungszusammenhang deutschsprachiger Philosophie dieses Jahrhunderts nach Heidegger einerseits und nach Wittgenstein oder auch Popper andererseits sicherlich an dritter Stelle. Die fraglichen Publizitätsgewinne folgten damals dem Aufbruch der Neuen Linken. Die erwähnte marxistische Hintergrundstrahlung im Denken der Frankfurter Schule gewann zeitweise an Intensität. Die deutschen Studenten, die endlich einmal nicht mehr Nachhut, vielmehr weltgeschichtliche Avantgarde sein wollten, bemerkten freilich rasch, daß sich mit der „Kritischen Theorie" vielleicht Emanzipationspädago-gik sowie ein überaus interessantes Feuilleton, aber doch nicht Klassenkampf machen ließ, und sie reagier-ten mit aggressiver Enttäuschung. Sie bemerkten nicht, daß die „Kritische Theorie" keineswegs hinter ver-meintlichen Fälligkeiten sozialistischer Umgestaltung der Gesellschaft zurückgeblieben, vielmehr ganz im Gegenteil ihrem definitiven Scheitern voraus war — als das zur Philosophie gewordene unglückliche Bewußt-sein der intellektuellen Linken in der Vorahnung dieses Scheiterns.

Väter und Söhne
Wider die politromantische Verklärung der „Kritischen Generation"

Väter mit schwachem Selbstgefühl neigen dazu, sich Illusionen über ihre Söhne zu machen. Das ist es, was in Deutschland bis heute verklärende Mythen über die Studentenbewegung in der zweiten Hälfte der sechziger Jahre verbreitet sein läßt. Es lohnt sich, publizistischen Tendenzen der Verfestigung dieser Mythen zum maßgebenden historischen Urteil über die fragliche Episode entgegenzutreten.

Der erste dieser Mythen erzählt uns, erst die Studentenbewegung habe in unübersehbarer Weise auf Fälligkeiten der Hochschulreform aufmerksam gemacht und die entsprechenden administrativen und gesetzgeberischen Maßnahmen politisch erzwungen. Die historische Wahrheit ist: Nicht unter dem Druck verkrusteter Zustände hat sich die studentische Protestbewegung entfaltet, vielmehr inmitten einer sehr dynamischen Hochschulreformpolitik, die in ihren wirksamen Anfängen mindestens zehn Jahre älter war als diese Protestbewegung. Die Fakten, die diese Behauptung belegen, sind den inzwischen ins Pensionärsalter eingerückten Aktivisten der Hochschulreform um die Wende der fünfziger zu den sechziger Jahren noch in Erinnerung. Im übrigen sind sie längst historiographisch aufgearbeitet. Man braucht sie nur zur Kenntnis zu nehmen. Exemplarisch verweise ich auf die Gründung des deutschen Wissenschaftsrats 1957. Die Reformempfehlungen dieses Rats verstaubten nicht in den Archiven. Die Zahl der Dozenten- und Assistentenstellen wuchs seit 1960 sprunghaft an. Sie wuchs sogar rascher als die Zahl der Studenten. Der Quotient beider Zahlen schrumpfte entsprechend, und die Ausbildungssituation verbesserte sich. Gründungsausschüsse neuer Universitäten konstituierten sich — in Bochum und Dortmund, in Konstanz, in Regensburg und in Bielefeld. In Bochum vergingen zwischen der Verabschiedung des Gründungsplans und der Eröffnung des Lehrbetriebs weniger als drei Jahre. Nur die Ahnungslosigkeit könnte im Rückblick finden, es hätte mehr und dieses rascher getan werden müssen.

Kapazitätserweiterungen, gewiß, waren damals nicht das einzige, was man von der Hochschulreform zu erwarten gehabt hatte. Aber auch insoweit bedurfte es der Provokation durch die Studentenbewegung nicht, um naheliegende Reformen akademischer Organisations- und Selbstverwaltungsstrukturen einzuleiten. Versuche, die Schwächen traditioneller Honoratiorenselbstverwaltung durch Professionalisierung zu stärken, wurden in Hessen bereits Anfang der sechziger Jahre eingeleitet. Fakultäten, die sich zu Übergrößen entwickelt hatten, wurden geteilt. Durch konzentrierte finanzielle und organisatorische Begünstigungen sollte die Hochschulforschung gefördert werden und durch die Reform von Laufbahnstrukturen der Forschernachwuchs. Es wäre unbillig zu erwarten, daß diese Maßnahmen in jedem Einzelfall ausgereicht oder sich als dauerhaft zweckmäßig erwiesen hätten. Die These ist lediglich die, daß es des Anstoßes der zweiten deutschen, nämlich akademischen Jugendbewegung nicht bedurfte, um die Hochschulreformpolitik überhaupt erst in Gang zu bringen. Um es zu wiederholen: Sie war längst, und zwar überaus dynamisch und wirksam, in Gang gekommen, als die Protestbewegung sich schließlich erhob. Diese Protestbewegung hat die Hochschulreformpolitik sekundär überlagert und dabei zugleich zum Schaden der deutschen Hochschulen verbogen. Von besonders gravierenden Schädigungen, die die deutschen Universitäten durch den skizzierten Überlagerungseffekt erlitten haben, wird später noch die Rede sein.

Ein zweiter Mythos zur Verklärung der Studentenbewegung erzählt uns, sie sei eine Antwort auf die Unbereitschaft der Vätergeneration gewesen, sich ihrer nationalsozialistischen Vergangenheit zu stellen. Eine Oppositionsbewegung gegen die nachkriegsdeutsche Verdrängungspraxis — darum würde es sich somit gehandelt haben. Wahr ist, daß die Faschismus-Theorie in den ideologiepolitischen Prozessen der späten sechziger Jahre eine zentrale Rolle spielte. Wie die faschistischen Diktaturen historisch zu begreifen seien und unter welchen gesellschaftsformationellen Bedingungen ihre Wiederkehr definitiv ausgeschlossen sein würde — das sind allerdings zentrale Fragen damaliger studentischer Theorie- und Textproduktion gewesen.

Nichtsdestoweniger kann gar keine Rede davon sein, daß moralische Empörung über verdrängungsbeflissene Schweigsamkeit der Väter die unbestreitbare Renaissance der Faschismus-Theorien im Kontext der Studentenbewegung bewirkt hätte. Das aktuelle Phänomen individuell gezielter biographischer Vergangenheitsaufdeckung in anklagender Absicht spielte in der zweiten Hälfte der sechziger Jahre in der deutschen Öffentlichkeit, von seinem gehörigen Ort in juridischen Prozessen abgesehen, kaum eine Rolle, und auch die studentische Professorenkritik hatte ihr Hauptobjekt keineswegs in den braunen Biographieanteilen der damals noch zahlreich amtierenden Alt-Nazis unter den Dozenten. Man darf nicht vergessen: Das Ende des „Dritten Reiches" lag gerade erst zwanzig Jahre zurück, und in der akademischen Öffentlichkeit einschließlich ihres studentischen Anteils pflegte man doch zu wissen, wer unter den älteren Professoren der nationalsozialistischen Bewegung verbunden gewesen war und wer, auf der anderen Seite, zur inneren Opposition, ja zum Widerstand gehört und ein Emigrantenschicksal hinter sich hatte. Es wäre somit gegenstandslos gewesen, die vom nationalsozialistischen Aufbruch geprägten Verlautbarungen des Rektors Martin Heidegger in individuell adressierter anklagender Absicht hervorziehen zu wollen, und so in den weniger prominenten Fällen desgleichen. Man kannte das doch, die wachen und interessierten Studenten zumal, und die Aufarbeitung der Details und ihre angemessene politische Einschätzung überließ man der historischen Forschung.

Kurz: Endlich einmal über das zu reden, was zuvor vermeintlich beschwiegen gewesen wäre — das war schlechterdings nicht der dominante Impuls der Studentenbewegung. Um einen Aufstand jugendlicher Moralisten angesichts der Verdrängungsbeflissenheit ihrer Väter handelte es sich nicht.

Worum handelte es sich? Das ausgeprägte faschismustheoretische Interesse der damaligen Jahre erfüllte vor allem die ideologiepolitische Funktion einer Delegitimierung des gesellschaftspolitischen Systems der Bundesrepublik Deutschland. Die damals in der Studentenbewegung kultivierte Faschismus-Theorie war ja keineswegs ein Resultat mühseliger historischer Forschung. Das Interesse an ihr war nicht das Interesse, zur Kenntnis zu nehmen, wie es wirklich gewesen war, und aufzudecken, was ohne historische Spezialstudien der Öffentlichkeit hätte unbekannt bleiben müssen. Die Absicht war nachzuweisen, daß die Wurzeln des Faschismus im Gesellschaftssystem der Bundesrepublik Deutschland nicht ausgerottet, vielmehr konserviert und lebendig geblieben seien. Um diesen Nachweis zu führen, bedurfte es gar nicht des Rekurses auf die moralische oder ideologische Binnenbefindlichkeit irgendwelcher individueller Alt- oder auch Neofaschisten. Es genügte herauszustellen, daß mit dem sogenannten Dritten Reich nicht zugleich auch der Kapitalismus untergegangen war, und ohne Kapitalismus kein Faschismus. Faschismus — was war das denn? Es war die terroristische Form der Selbstverteidigung des kapitalistischen Systems im Horizont seines drohenden Untergangs. So hatte es, im Zeitalter des Frühstalinismus, Dimitroff gelehrt. Die tätige Aneignung dieser Lehre war die Quintessenz des Antifaschismus der Studentenbewegung. „Wer vom Kapitalismus nicht reden will, sollte auch vom Faschismus schweigen" — dieser verblüffende Satz Max Horkheimers ist ein Schlüsselsatz für das Verständnis der Renaissance der Faschismus-Theorie im Zusammenhang der Studentenbewegung, und nicht zufällig begegnet er uns im Schrifttum der damaligen Jahre immer wieder in mottohafter Zitation. Um es zu wiederholen: Der Antifaschismus der Studentenbewegung war nicht eine moralisch-kritische Aneignung vermeintlich verdrängter Väter-Vergangenheit; er war ein Medium ideologiepolitischer Delegitimierung des Systems der Bundesrepublik durch Erhebung des fortdauernden Kapitalismus zum wichtigsten Faktor in den Voraussetzungen des Faschismus. Aus der Perspektive dieses Ideologems war man damals auch gar nicht sonderlich interessiert, den politischen Repräsentanten der Bundesrepublik Deutschland Verdrängungsbeflissenheit nachzuweisen. Das hätte für die antifaschistischen Fälligkeiten, wie sie im Horizont jener Faschismus-Theorie definiert waren, nicht das mindeste hergegeben. Daß die Gründerväter der Bundesrepublik auf ihre bürgerliche oder auch sozialdemokratische Weise in Opposition zum Nationalsozialismus gestanden hatten und standen, lag doch auf der Hand. Die Verfassung der zweiten deutschen Demokratie war ersichtlich eine Verfassung bürgerlich-liberaler und sozial-staatlicher, aber eben nicht sozialistischer Prägung. Nicht wenige Landesverfassungen, wie zum Beispiel die bayerische, vollzogen die Absetzung vom Nationalsozialismus bis in ihre Präambel hinein ausdrücklich, und mit rezenten Antisemitismen gar hätte niemand sich hervortun können, ohne sich unmöglich zu machen.

Aber was hätte das alles und weiteres mehr aus der Perspektive der damals im jungakademischen Intellektuellenmilieu revitalisierten, frühstalinistischen Faschismus-Theorie bedeuten können? Der Erzmakel seiner kapitalistischen Prägung war doch vom deutschen Gesellschaftssystem auch im Akt der Gründung der Bundesrepublik unabgewaschen geblieben, und das genügte, ihm eine auch nach dem Untergang des Nationalsozialismus verbliebene faschistoide Prädisposition zuzusprechen. „Hilfloser Antifaschismus" — so lautete daher der einschlägige Kommentar zur bemühten Art deutscher Universitäten, die bereits in der ersten Hälfte der sechziger Jahre in eigenen Vorlesungsreihen ihre Verwicklungen in den Nationalsozialismus aufzuarbeiten begonnen hatten. Selbst Widerständler, ja Opfer nationalsozialistischen Terrors mußten sich daher, soweit sie ihren Widerstand nicht in marxistischer Orientierung geleistet hatten, gefallen lassen, „objektiv" den faschistischen Wirkungszusammenhängen zugerechnet zu werden. So geschah es zum Beispiel, wie man sich erinnert, den Geschwistern Scholl und ihren Freunden. Akademische Feiern zu ihrem Gedenken wurden gestört, und uneingeschränkte Zustimmung fand nicht die schlichte Tapferkeit im Widerstand gegen das manifeste gemeine Unrecht, vielmehr einzig erwiesene Orthodoxie in den ideologischen Prämissen des Widerstands.

Man erkennt: Der hier kritisierte Mythos, die Studentenbewegung repräsentiere in der Geschichte der Bundesrepublik Deutschland die erste Generation, die zur Aufarbeitung nationalsozialistischer Vergangenheit vorbehaltlos bereit gewesen sei, ist kein folgenloser Mythos. Er vollzieht auf seine Weise die Delegitimierung der Gründungs- und Frühgeschichte der Bundesrepublik Deutschland durch Unterstellung unzureichender Ernsthaftigkeit im Willen zur Abkehr vom nationalsozialistischen Unrechtssystem mit. Er anerkennt überdies den Antifaschismus der Studentenbewegung, der in seinem linken Kern nichts anderes als ein wiederbelebtes ideologisches Konstrukt totalitären, nämlich frühstalinistischen Ursprungs war, als Ausdruck eines endlich gewonnenen, zustimmungspflichtigen und anknüpfungsbedürftigen Verhältnisses junger Deutscher zum Nationalsozialismus.

Ein dritter Mythos erzählt uns, erst durch wirksame Einforderungen der Studentenbewegung sei es auch an den deutschen Hochschulen möglich geworden, Gelegenheiten zum Studium marxistischer Traditionen einzurichten. Das klingt plausibel: Marxistische Orientierungen hatten ja in der Frühgeschichte der Bundesrepublik Deutschland in der Tat keine erhebliche, jedenfalls eine sich fortschreitend abschwächende Rolle gespielt. Die Kommunisten verschwanden mangels Wählerzustimmung rasch aus den Parlamenten, wurden schließlich sogar, wie ihr rechtsradikales Pendant, durch Verfassungsgerichtsurteil verboten, und was in der großen theoretischen Tradition der Sozialdemokratie noch an Elementen kautskyanisch geprägter marxistischer Orthodoxie verblieben war, wurde im Godesberger Programm von 1959 zu einem Element historischen Andenkens herabgestuft. Dem entsprach, daß auch in den akademischen Räumen das Interesse an der Aufarbeitung marxistischer Theorie nicht von ausgeprägter Art war. Nichtsdestoweniger ist es Geschichtsklitterung, daß in den fünfziger Jahren den Studenten Gelegenheiten zu Marxismus-Studien, womöglich systematisch und politisch gezielt, vorenthalten gewesen wären. Als Dementi dieser historisch schlicht unzutreffenden These zitiere ich exemplarisch einige Fakten aus eigenen frühen Studien- und Dozentenjahren. In Freiburg im Breisgau war Wilhelm Szilasi mein Doktorvater. Dieser war immerhin seinerzeit Sekretär bei Georg Lukács gewesen, als dieser im Revolutionsregime Bela Kuns als Kultusminister amtierte. So hatten wir also, sogar in der Sonderbeglaubigung autobiographischer Vermittlungen, als Freiburger Studenten reichlich Gelegenheit, kommunistische Bewegtheiten einschließlich ihrer sie inspirierenden theoretischen Quellen zu studieren. So geschah es, sozusagen als Komplementärprogramm zum Studium der Philosophie Martin Heideggers, in Freiburg im Breisgau bereits um die Wende der vierziger zu den fünfziger Jahren. Dabei war allein an diesem Ort Wilhelm Szilasi keineswegs der einzige Vermittler von Kenntnissen des Marxismus aus seinen Quellen. Robert Heiß zum Beispiel hielt damals seine sehr wirksam gewordenen Vorlesungen, die uns über die Herkunft der marxistischen Theorie aus der Philosophie des sogenannten Deutschen Idealismus unterrichteten. Heidegger höchstselbst widersprach solchen Studieninteressen gar nicht, erhob sie sogar noch in einen höheren philosophischen Rang, indem er den real herrschenden Marxismus zu einem Teil der „Seinsgeschichte" erklärte.

In Frankfurter Assistentenjahren bald darauf blieben im Studium bei Adorno auch dann, wenn man seine

Ästhetik und Musik-Theorie für den interessanteren Teil seines Werks hielt, gesellschaftstheoretische Analysen marxistischer Inspiration eindrucksvoll und bei Horkheimer nicht minder seine Transformation des Marxismus in ein Medium großbürgerlich-intellektueller Selbstkritik.

Wer dann in der zweiten Hälfte der fünfziger Jahre am politischen Geschehen in der Bundesrepublik Deutschland Anteil nahm, konnte ohnehin nicht umhin, sich für die Auseinandersetzungen mit den marxistischen Traditionen zu interessieren, die der Beschlußfassung des neuen Programms durch die SPD 1959 in Bad Godesberg vorausgingen. Bis in die Volkshochschulen und Akademien hinein war damals die Auseinandersetzung mit dem Marxismus ein aktuelles Thema. In den Hochschulen sowieso, und als junger Dozent bot ich dann selbst Übungen und Vorlesungen an, die vom frühen Marx bis zum späten Lenin und von Karl Kautsky bis zu Benedict Kautsky zum Studium der Klassiker und ihrer Kritiker einluden. Keine akademische Oberbehörde schritt ein, ja, man ermunterte solche Lehrangebote. Wieso denn auch nicht? Schließlich wurde inzwischen mehr als ein Viertel der Menschheit im Namen des Marxismus regiert und mußte daran glauben. Was immer man über die deutsche Nachkriegsuniversität sagen mag: Jener Borniertheit, die nötig gewesen wäre, das Studium einer Doktrin von manifester weltgeschichtlicher Bedeutung zu inhibieren, war sie denn doch nicht fähig, und die administrativen, gar rechtlichen Mittel dazu hätten ihr ohnehin nicht zur Verfügung gestanden.

Zusammengefaßt heißt das: Zu den akademischen Voraussetzungen der Studentenbewegung gehört gerade nicht der unterdrückte, in den Giftschrank gefährlicher Lehren verbannte Marx, vielmehr der allbekannte

Marx. Soeben noch, sagen wir im November 1966, hatten die eigenen Studenten eine Seminararbeit über Lenins „Staat und Revolution" geschrieben, und nunmehr, nur ein Jahr später, tagten sie in Vollversammlungen unter Leninbildern und faßten Resolutionen, die als sinnvoll einzig unter der Voraussetzung gelten konnten, daß Lenin mit seinem Traktat von 1917 recht gehabt hatte, ja daß dieser Traktat im wesentlichen unverändert auf die eigene Lage anwendbar war.

Das also war der Zusammenhang: Man forderte nicht etwa vermeintlich vorenthaltene Gelegenheiten zum Studium wichtiger Leute ein, sondern man nahm deren Theorien, die die wacheren Studenten längst kannten, verblüffenderweise plötzlich ernst und verlangte die Transformation des akademischen Katheders zur politischen Tribüne. Nicht ausgreifende theoretische Interessen, nicht Wirklichkeitshunger und nicht gesteigerte Rezeptionslust prägten die intellektuelle Anmutungsqualität der Studentenbewegung, sondern ideologische Suche nach dem Punkt, aus dem sich die Welt kurieren ließe. Einheit von Theorie und Praxis — das war die Parole, und als der krude Kern dieser Parole enthüllte sich alsbald jene intellektuelle Selbstprivilegierung, die es einem, nachdem man die richtige Theorie endlich gefunden hat, gestattet, an der Nichtübereinstimmung mit ihr den politischen Feind zu erkennen. Nicht um die Mehrung pluralistischer Liberalität auch in den akademischen Räumen war es zu tun, vielmehr um die Eroberung jener Majoritäten, die es möglich machten, Minderheiten nach den Regeln der Volksfrontlogik zu behandeln.

Das klingt reichlich dramatisch. Wahr ist, daß außerakademisch das politische Leben in der Bundesrepublik Deutschland von solchen Erscheinungen kaum berührt worden ist. Aber innerakademisch haben sie doch ganze Fachbereiche nachweislich bestimmt, und einige bedeutungslose Relikte dessen sind für das geschulte Auge des politischen Paläontologen auch heute noch identifizierbar.

Ein vierter Mythos erzählt uns, die Studentenbewegung habe als Beitrag zur nötigen Emendation der demokratischen Kultur der Bundesrepublik Deutschland gewirkt. Wahr ist, daß man im Kontext der Studentenbewegung plötzlich Fähigkeiten sich entwickeln sah, über die sich politische Partizipationschancen verbessern ließen. Rhetorische Talente traten hervor, um sich in den Emotionsstürmen von Vollversammlungen behaupten zu können. Geschäftsordnungsroutiniers nutzten zweckrational die Skrupelhaftigkeit von Subjekten residualen Respekts vor juristischen Formen meisterhaft aus. Die Bereitschaft zum selbstlosen politischen und sozialen Engagement war ausgeprägt. Um es in der Sprache der ersten deutschen Jugendbewegung zu sagen: Die Anmutungsqualität der zweiten akademischen deutschen Jugendbewegung war „idealistisch".

Unübersehbar ist überdies das demokratietheoretische Vokabular in der Selbstverständigung der Studentenbewegung. Aber man darf nicht vergessen: Zur Geschichte der Demokratie gehören nicht nur die Ideale liberaler Demokratie, vielmehr die Ideale identitärer, nämlich totalitärer Demokratie desgleichen. Im Rückblick scheint mir die Studentenbewegung von den Grundsätzen identitärer Demokratie ungleich stärker geprägt gewesen zu sein als von Vorstellungen liberaler demokratischer Ordnung. Man kann dasselbe auch so ausdrücken: Nicht die Verbesserung der Verfahrensformen von Parlament, Regierung und Rechtssystem standen auf der Tagesordnung, vielmehr die Evokation und Inanspruchnahme des irresistiblen Volkswillens,

wie er sich in der unwidersprechlichen Hundertpro-
zentmajorität spontaner und daher formal ungebunde-
ner Vollversammlungen und Volksversammlungen bekundet. Kurz: Ich habe die akademische Jugendbewegung nicht zuletzt als eine antiparlamentarische Bewegung wahrgenommen. Als signifikanten Beleg zitiere
ich einen in der Frühzeit der Studentenbewegung ein-
flußreichen prominenten Theoretiker, der 1969 fand,
„die Einrichtungen einer verwirklichten Demokratie"
würden sein „wie verschwebende Netze, aus zerbrechlichster Intersubjektivität gewoben". Wohlgemerkt:
Von den Einrichtungen einer künftigen, erst wahrhaft
verwirklichten Demokratie ist hier die Rede. Vom Kit-
schaspekt jener Formulierung einmal abgesehen, man
fasse aus ihrer Perspektive die Wirklichkeit des briti-
schen Parlaments ins Auge oder auch die Verfahrens-
praxis kantonaler Landsgemeinden in der Schweiz! Es
ist evident: Unmeßbare Abstände trennen diese alten
Demokratien und ihre Verfahrenspraktiken von diesem neudeutschen Demokratie-Ideal. Genauer gesagt:
Die Orientierung an diesem Ideal müßte, anstatt die be-
stehenden Einrichtungen real existierender Demokratien zu verbessern, auf diese zerrüttend wirken.
Enthusiasmiert von diesem Ideal, scheuten selbst bekannte deutsche Professoren sich damals nicht, beim
Blick auf die Grenzen zum Beispiel die erwähnte
Schweiz „ein ganz undemokratisches Land" zu nennen.
Politisches Schwärmertum eher denn Engagement bei
mehrheitsfähigen pragmatischen politischen Zwecken
prägten damals die jugendbewegte akademische
Sphäre.
Bis in Kleinigkeiten hinein ließe sich nachweisen, daß
der Sinn für die Erfordernisse des politischen Lebens
im System liberaler Demokratie damals nicht erstarkte,
vielmehr schwächer wurde. Worum handelt es sich

denn sonst, wenn man das Recht des politischen Mandats für zwangskörperschaftlich verfaßte Studentenschaften, statt für verfassungswidrig, für erlaubt, ja für demokratisch geboten hielt? Wie mußte man orientiert sein, um die sogenannte Drittelparität, die in Wahrheit eine pseudodemokratische, überdies ständeromantische und verfassungswidrige Posse war, für ein Erfordernis aus Demokratisierungsgeboten halten zu können?

Alle Feinde der Weimarer Republik haben bekanntlich diese mit dem Vorwurf zu delegitimieren versucht, sie sei das System einer „bloß formalen" Demokratie. Im Kontext der akademischen Studentenbewegung wurde dieser Formalismusvorwurf plötzlich wieder lebendig. In der Realität bedeutete die Selbstergreifung des Rechts einen Verfahrens- und Regelverstoß. Die Selbstermächtigung zur Gewalt suchte und fand ihre sie ermöglichende radikaldemokratische Theorie. Es ist ja gewiß unbestreitbar, daß in dramatischen Ausnahmelagen auch die Demokratie zu Mitteln der Selbstverteidigung greifen muß, die in Normallagen gewährleisteter Integrität der demokratischen Verfahrensordnungen niemandem zur Verfügung stehen. Aber die Bundesrepublik, sagen wir der Jahre zwischen 1967 und 1972, für ein System gehalten zu haben, das in formaldemokratischer Selbstbindung der Politik sich nicht mehr entwickeln lasse — das bezeugte weniger demokratische Sensibilität als mangelnde politische Urteilskraft.

In Teilen der Studentenbewegung schwand der Sinn dahin, daß im Normalfall gerade die Demokratie ihren Bestand in der Integrität ihrer Verfahrensordnungen hat. Die ungenierte, demonstrative Verletzung der Verfahrensnormen wurde alsbald aber geradezu zum Signum der Studentenbewegung. Das begann mit gelinder Aggression gegen die Regeln bürgerlicher und akademischer Gesittung, die nicht einfach vertraute akademische Rüpelhaftigkeit, vielmehr politisch gezielte Schikane war. Alltagsterrorismen in der Absicht, Subjekte mit schwachen Nerven in Irritation zu versetzen, wurden phantasievoll ausgedacht und praktiziert — von der Einschüchterung ganzer Familien durch die Telefonandrohung von Säureattentaten gegen hübsche Töchter bis zur effektiven Aufhebung der Freiheit der Lehre durch Aktionen der Dauerstörung mißliebiger Dozenten.

Ich erinnere an diese Vorgänge nicht, weil ich ihr politisches Gewicht im Rückblick immer noch für erheblich einschätzte oder damals dafür gehalten hätte. Auch den Zustand der Republik hat all das nur wenig berührt. Aber die akademischen Institutionen hat es berührt. Daß man außerhalb der Hochschulen, wo auch ich mich seinerzeit aufhielt, von diesen Aktivitäten kaum berührt und betroffen war, sollte auch im Rückblick nicht dazu verführen, sie nicht für widerspruchsbedürftig zu halten. Es will mir noch im nachhinein als Vorgang der Selbsttäuschung vorkommen, daß man eine Generation zur „kritischen Generation" zu ernennen vermochte, die — abermals enthusiasmiert durch eine große Lehre — aufbrach, sich in Zwölferreihen im Geschwindmarsch unter roten Fahnen und Führerbildern durch die Hauptstraßen von Universitätsstädten zu bewegen, die Augen gläubig irgendwelchen theoriegeborenen Idealen zugewandt. Ältere Deutsche, die erst wenige Jahre zuvor aus der von den Nazis erzwungenen Emigration zurückgekehrt waren, sind im Anblick dieser Bewegtheit in Tränen ausgebrochen — nicht weil sie die 68er Generation für Neonazis gehalten hätten, sondern weil das Behaviour unverkennbar neototalitär war. Man hatte es insoweit nicht mit einer „kritischen Generation" zu tun. Eher trifft die gegenteilige Kennzeichnung den Nagel auf den Kopf.

Die Reihe analoger Mythen ließe sich über die skizzierten vier Mythen hinaus erheblich verlängern. Es erübrigt sich, das hier zu tun. Es bleibt lediglich hinzuzufügen, daß ich mit meinem Widerspruch gegen die genannten Mythen nicht den Anspruch verbunden habe, ein umfassendes Erinnerungsrückbild der Studentenbewegung zu geben. Es kam mir lediglich darauf an, die zitierten Mythen als Mythen zu kennzeichnen, und ich habe mich entsprechend auf Erinnerungen beschränkt, die dazu geeignet sein mögen. Wenn die fraglichen Mythen denn nichts als Mythen sind — was war es dann, was sie die öffentliche historische und politische Meinung über die Studentenbewegung bis heute so wirksam hat prägen lassen? Zur Beantwortung dieser Frage wiederhole ich meine Eingangsthese: Es ist die Schwäche des deutschen demokratischen Selbstgefühls, die die Älteren, komplementär zu ihrer wohlbegründeten Bereitschaft zur Selbstkritik, dazu verführt, das neue und bessere, nämlich demokratische Deutschland in den Köpfen und Herzen der jeweils Jüngeren unausrottbar verwurzelt zu sehen, und das eben selbst dort noch, wo der unbefangenere Blick — nächst demokratisch indifferenten Rüpelszenen — neue ideologische Aggressivitäten, heilsgläubige Fanatismen, Rechts- und Verfahrensmißachtung, Kleinterror, allerlei Selbstermächtigung zur Gewalt, Maschinenpistolenromantik, Fahnenseligkeit, politische Ikonenverehrung und Spruchbandglaube sich betätigen sah.

Nach den vier Mythen, über die wir uns in deutscher herkunftsschwächebedingter Geneigtheit, in der Jugend den politisch gereifteren Teil unserer Bürgerschaft zu erblicken, die zweite deutsche, nämlich akademische Jugendbewegung als zustimmungsfähigen, ja zustimmungspflichtigen Teil unserer jüngeren Vergangenheit zurechtzulegen pflegen, habe ich nun noch ankündigungsgemäß auf einige Schadensfolgen zu verweisen, die diese Jugendbewegung, indem der politische Widerspruch gegen sie zu schwach blieb, ausgelöst hat. Im Vergleich mit den wirtschaftlichen und ökologischen, sicherheits- und menschenrechtspraktischen Problemen, die heute auf der nationalen und internationalen Politik lasten, handelt es sich dabei gewiß um Schäden von äußerst geringer Größenordnung. Aber in einem bilanzierenden Rückblick auf die Studentenbewegung darf man sie nicht unerwähnt lassen. Das gebietet auch der Respekt vor denjenigen, die bis heute unter diesen Folgeschäden zu leiden haben.

An erster Stelle möchte ich Folgeschäden eines überzogenen Reformtempos erwähnen, zu denen sich die verantwortlichen politischen und administrativen Instanzen unter dem Druck studentischer Forderungen damals haben verführen lassen. Bei der deutschen Beflissenheit, im Zug der Zeit nur ja möglichst weit vorn zu sitzen, muß man damit rechnen, daß gefragt wird, ob es denn überhaupt ein überzogenes Tempo in der Erfüllung berechtigter Reformforderungen geben könne. In Wahrheit liegen die Dinge so — jeder Betriebswirt oder Organisationssoziologe, auch jeder in Wirtschaft und Verwaltung Erfahrene weiß das —, daß das maximale Tempo der Annäherung an grundsätzlich erstrebenswerte Ziele mit dem optimalen Tempo höchst selten identisch ist. Es traf ja zu, daß, im internationalen Vergleich, das deutsche Hochschulsystem nicht zuletzt auch in personeller Hinsicht entwicklungsbedürftig war. Das leugnete bereits in den fünfziger Jahren niemand, in den frühen sechziger Jahren hat man, wie ich dargestellt habe, daraus die Konsequenzen gezogen. Es bedurfte des Anstoßes der Studentenbewegung nicht, um diese vernünftigen Reformen in Gang zu setzen. Indem man aber, wie geschildert, sich diese Bewegung als eine von grundsätzlich berechtigten Reformforderungen getragene Bewegung zurechtlegte, glaubte man zu ihrer Beruhigung durch ein forciertes Reformtempo beitragen zu sollen. Exekutieren wir die Hochschulreform, und zwar möglichst in allen Teilen, jetzt — dann werden die Demonstranten von den Straßen verschwinden, ja uns Beifall spenden, und zwar am ehesten derjenigen Partei, die im Reformgeschwindigkeitswettlauf die Nase vorn hat. Das war die Erwartung, von der damals in nicht wenigen Ländern Regierungen, Landtagsfraktionen und Koalitionen sich leiten ließen — zum Beispiel auch in der massenhaften Neubesetzung neugeschaffener akademischer Dienstposten. Dabei hätte jeder gestandene Verwaltungsmann, Personalabteilungschefs zumal, sagen können — und mancher hat es gesagt —, daß man in Hochschulen wie in Verwaltungen beim Stellenzuwachs wie bei der Stellenbesetzung temporal auf einen ausgewogenen Aufbau der Alterspyramide der Beschäftigten achten muß. Just dieser Grundsatz wurde bei der Massenernennung und Massenbeförderung zumeist jüngerer Wissenschaftler sträflich vernachlässigt — mit der bis heute nachwirkenden überaus mißlichen Konsequenz, daß nach dem unvermeidlicherweise eingetretenen Stopp der Stellenvermehrung dem nunmehr antretenden Wissenschaftlernachwuchs wie nie zuvor in der deutschen Hochschulgeschichte die Karrierechancen verdorben sind. Bedienung der Protestgeneration auf Kosten späterer Generationen — darum handelte es sich. Im Widerspruch gegen alle bewährten Grundsätze des Verwaltungshandelns, in offener Verletzung von Ansprüchen der Gerechtigkeit, deren gegenwärtige Beachtung man den nachrückenden Generationen schuldig gewesen wäre, bestimmte Beflissenheit in der Erfüllung lästiger, weil in lautstarken Protesten erhobener Forderungen das

Handeln der Verantwortlichen. Es war, um es kraß zu sagen, ein unverantwortliches Handeln aus Feigheit, und die Erhebung der lästigen Protestler in den moralischen Rang einer „kritischen Generation" diente dieser Feigheit als Feigenblatt. Die Schäden, die das deutsche Wissenschaftssystem durch die skizzierten personalpolitischen Folgen des überzogenen Tempos seiner Entwicklung erlitten hat, werden, wie man leicht erkennt, noch lange nachwirken. Die Lasten haben vor allem die gegenwärtigen jüngeren Wissenschaftler zu tragen.

Geschädigt wurden die deutschen Universitäten auch durch einen entpragmatisierten Selbstverwaltungsstil, in den sich die Bewegtheit der Studentenbewegung, Teile der Professorenschaft schließlich ergreifend, alsbald umsetzte. In der inzwischen eingetretenen Ernüchterung mag man zur angemessenen Reaktion des Kopfschüttelns auf die Tatsache wieder fähig sein, daß in den siebziger Jahren manche Universitäten einen halben Arbeitstag pro Woche, einige Universitäten sogar einen ganzen, exklusiv für Gremiensitzungen reservierten und Vorlesungen und Übungen an diesem Tag ausfallen ließen. Selbstverständlich war dabei nicht etwa der Samstag Gremientag, vielmehr in Anpassung an die Usancen des tarifvertraglich geregelten Arbeitslebens wirklich ein gewöhnlicher Arbeitstag, an welchem man zu studieren und zu forschen gehabt hätte.

Es gewänne Züge der Lächerlichkeit, und es wäre zugleich eine verblüffende Ausdeutung der Verfahrenskonsequenzen von Demokratisierungsprozessen, wenn man vermeinte, es sei doch eine schlichte und gerechtfertigte Konsequenz der Selbstverwaltungsrechte von Körperschaften, wenn sie ein Fünftel ihrer Gesamtbetriebszeit statt unmittelbar ihren studien- und forschungspraktischen Zwecken der Selbstdarstellung ihrer Autonomie widmen. Selbstverwaltung als Palaver — das ist der harte Kern dieser Unglaublichkeit, in der man vermeinte, in der Gesamtheit aller Universitätsmitglieder einen ganzen Tag für diskursive Erörterungen und Beschlußfassungen darüber nötig zu haben, wie an vier übrigen Betriebstagen in Orientierung am Betriebszweck zu arbeiten sei. Dabei hat dieser Selbstverwaltungsexzeß damals nicht nur intern die Hochschulen geschädigt. Er hat in nicht wenigen Fällen auch in der Außenwirkung ihr Ansehen lädiert. Die steuerzahlende Bürgerschaft war doch wohl anzunehmen berechtigt, daß die Hochschulen, wie andere mit Selbstverwaltungsrechten ausgestattete Körperschaften auch, sich in ihrer Selbstverwaltungspraxis im wesentlichen um ihre eigenen Angelegenheiten kümmern würden. Statt dessen sah sich nun die Öffentlichkeit mit Resolutionen von Fakultäten konfrontiert, die sich wider die Repression baskischer Arbeiter durch das Franco-Regime richteten oder, zum ideologischen Ausgleich, auch wider die Niederknüppelung Danziger Werftarbeiter auf Veranlassung der regierenden polnischen Kommunisten. Nicht, daß Bekundung der Solidarität mit Unterdrückten in anderen Ländern und Systemen nicht ihre Nötigkeit und auch Zweckmäßigkeit hätte. Aber der Mangel an Urteilskraft, auf die man angewiesen gewesen wäre, um erkennen zu können, auf wen wessen Protestresolutionstelegramme Eindruck zu machen geeignet sind — das war in den allermeisten Fällen das auffällige Kennzeichen solchen gesinnungstüchtigen Polit-Aktivismus.

Gelegentlich wurde damals sogar der Anspruch erhoben, die Universitäten hätten sich zur Komplettierung der drei Staatsgewalten in eine vierte, nämlich in die Gewalt der Kritik zu verwandeln. Nicht, daß Auskünfte über das, was der Fall ist, wie wir sie von der Wissenschaft erwarten, zumal im Kontrast zu verbreiteten Vorurteilen nicht auch ihre kritische Bedeutung hätten. Aber die Idee, die damals sogar in gedruckter Gestalt aufschien, die Universität könne sich als jene Instanz kritischer Vernunft etablieren, deren praktischem Urteil das öffentliche Leben einschließlich der Politik zu unterwerfen wäre, mußte das Ansehen der Hochschulen durch die Hypertrophie dieses Anspruchs schädigen. Tatsächlich ist damals die Distanz zwischen dem akademischen und dem sonstigen öffentlichen Leben, die in Deutschland ohnehin schon über das nötige Maß hinaus groß gewesen war, noch in unguter Weise vergrößert worden. Auch heute noch wird der außeruniversitär tätige Besucher unserer Hochschulen in diesen immer wieder einmal mit Szenen konfrontiert, die eine subkulturelle Anmutungsqualität haben. Auch heute noch gibt es im Studentenmilieu Nester randgruppenhafter Befindlichkeiten, die der Kultur emotionaler Distanz gegenüber dem Rest des gesellschaftlichen, kulturellen und politischen Lebens dienen. Entsprechend schwer fällt hier der Absprung vom akademischen ins berufliche Leben. Die Studienzeiten werden grotesk überdehnt, und der Bürgersinn der Daueraufenthalter in den erfahrungsverdünnten akademischen Räumen zeigt Entwicklungsschäden.

Als weitere Schadensfolge der Studentenbewegung möchte ich abschließend gewisse Devianzen vom Mittelweg liberaler Demokratie erwähnen. Der Antiparlamentarismus des zitierten professoralen Ideals, „die Einrichtungen einer verwirklichten Demokratie", „wie verschwebende Netze", „aus zerbrechlichster Intersubjektivität" zu weben, ist in seiner vollendeten Wirklichkeitsfremdheit leider nicht eine akademische Skurrilität geblieben. Das traditionsreiche deutsche Unverständnis des liberalen Sinns parlamentarisch-demokratischer Institutionen sitzt tief, und aus diesem

Unverständnis nährt sich ein residualer Antiliberalismus jugendbewegter Herkunft bis heute. Der schwärmerische Politekel vor der liberal-demokratischen Zumutung, institutionell Mehrheit vor jener Wahrheit, als deren Repräsentanten man sich selber weiß, gelten lassen zu sollen, der von diesem Ekel erfüllte Formalismusvorwurf an die Adresse der verfahrensrechtlich sich bindenden politischen, administrativen und juridischen Entscheidungsinstanzen, der verbreitete Mangel an Institutionentreue somit und die Neigung zur Bewunderung aktiver Verfahrensverächter als Zeitgenossen und Bürger höherer moralischer Sensibilität — das alles sind Spätfolgen jenes politromantischen Aufbruchs, als den sich mir insoweit die Studentenbewegung im Rückblick darstellen will. Sogar die doch zunächst einmal ganz unverfängliche, ja zustimmungspflichtige gemeine politische Demokratisierungsforderung hat von daher einen bis heute nachwirkenden Stich ins Romantisch-Totalitäre erhalten. „Demokratisierung aller Lebensbereiche" — das ließe sich ja unter Bürgern mit gefestigtem Sinn für die institutionellen Bedingungen der Freiheit durchaus hören. Den Stich ins Totalitäre, den diese Forderung nicht zuletzt durch die Studentenbewegung und die sie prägenden Ideologien erhalten hat, schmeckt man, wenn man sich vergegenwärtigt, daß die Fortschritte in der verfassungspolitischen Sicherung unserer Bürger- und Menschenrechte seit der Aufklärung doch nicht zuletzt Fortschritte in der Ausweitung derjenigen Lebensbereiche gewesen sind, die wir gerade nicht zur Disposition von Mehrheitsentscheiden gestellt wissen möchten und die man daher auch in genau diesem Sinne nicht demokratisieren kann.

Eine demokratische Bewegung — das war die Studentenbewegung gewiß. Aber Demokratiekonzepte des identitären, das heißt in der realen Auswirkung totalitären Typus spielten nachweislich in ihr eine ideologie-politisch nicht unerhebliche Rolle, und im Rückblick darauf mißtraue ich den Versuchen, die just in dieser Bewegung einen bedeutenden Beitrag zur Stärkung der Demokratie in Deutschland erkennen wollen. Die zweite deutsche, nämlich akademische Jugendbewegung hat mein Vertrauen in die Stärke der zweiten deutschen Demokratie gerade deswegen gestärkt, weil diese Demokratie im ganzen sich als so überaus resistent gegen die Verführungen durch die politromantischen Ideale der Jugendbewegung erwiesen hat.

Nachweise

1. Die Lebensvorzüge freiheitlicher Ordnung. Unveröffentlicht.
2. Liberalismus und Zivilisationsdynamik. — Zuerst veröffentlicht in: Neue Zürcher Zeitung. Nr. 208 (7. 9. 1988). p.23.
3. Worüber man nicht abstimmen kann. Grenzen des Volkswillens in der liberalen Demokratie. — Unveröffentlicht.
4. Einheit und Vielheit oder kulturelle Freiheit in europäischer Perspektive. — Unter dem Titel „Europäische Identität? Kulturelle Perspektiven." zuerst veröffentlicht in: 4. Konferenz der Europäischen Kultusminister. Konferenzbericht. Veröffentlicht vom Sekretariat der Ständigen Konferenz der Kultusminister der Länder in der Bundesrepublik Deutschland und dem Auswärtigen Amt der Bundesrepublik Deutschland. 1987. pp. 94-102.
5. Konservativismus, Liberalismus und Sozialismus — stehen sie noch zur Wahl? — Unveröffentlicht.
6. Die Nostalgie des Urbanen und die europäische Anti-Revolution des Jahres 1989. — Unveröffentlicht.
7. Der real existierende Sozialismus — nicht trotz, vielmehr wegen seiner schönen marxistischen Leitphilosophie gescheitert. — Unter dem Titel „Der real existierende Sozialismus: in Reform oder in Rekurs?" zuerst veröffentlicht in: DIE ZEIT. Nr. 40 (29. 9. 1989). p. 67.
8. Philosophischer Denkmalsturz oder das Ende der marxistischen Einheit von Theorie und Praxis. — Zuerst veröffentlicht in: MERKUR. Heft 2, 44. Jahrgang (Nr. 492). Stuttgart 1990. pp. 143-148.
9. Die Frankfurter Schule oder das unglückliche Bewußtsein der intellektuellen Linken. — Unter dem Titel „Mit der ‚Kritischen Theorie' ließ sich ein gutes Feuilleton, aber kein Klassenkampf machen" zuerst veröffentlicht in: Frankfurter Allgemeine Sonntagszeitung. Rhein-Main-Zeitung. Nr. 14/22R (3. Juni 1990). p. 4.
10. Väter und Söhne. Wider die politromantische Verklärung der „Kritischen Generation". — Zuerst veröffentlicht in: Aus Politik und Zeitgeschichte. Beilage zur Wochenzeitung DAS PARLAMENT. B 20/88 (13. Mai 1988). pp. 17-25.

TEXTE + THESEN

AUSWAHL LIEFERBARER TITEL

Politik/Zeitgeschehen

Wirtschaft/Soziales

Gesellschaft/Modernes Leben

Rüthers, Bernd
Wir denken die Rechtsbegriffe um ...
Weltanschauung als Auslegungsprinzip
ISBN 3-7201-5199-9   14,-

Scheuch, Ute und Erwin K.
China und Indien
Eine soziologische Landvermessung
ISBN 3-7201-5196-4   14,-

Siemes, Wolfgang
Zeit im Kommen
Methoden und Risiken
der magischen und
rationalen Zukunftsschau
ISBN 3-7201-5228-6   14,-

Silbermann, Alphons
Was ist jüdischer Geist?
Zur Identität der Juden
ISBN 3-7201-5167-0   14,-

Wingen, Max
Nichteheliche Lebensgemeinschaften
Formen — Motive — Folgen
ISBN 3-7201-5171-9   14,-

Wulffen, Barbara von
Zwischen Glück und Getto
Familie im Widerspruch zum Zeitgeist?
ISBN 3-7201-5128-X   14,-

Kultur/Bildung

Beinke, Lothar
Was macht die Schule falsch?
Positionen — Pädagogen —
Bildungsziele
ISBN 3-7201-5236-7   14,-

Claus, Jürgen
Das elektronische Bauhaus
Gestaltung mit Umwelt
ISBN 3-7201-5204-9   14,-

Hammer, Felix
Antike Lebensregeln — neu bedacht
ISBN 3-7201-5224-3   14,-

Huter, Alois
**Zur Ausbreitung von Vergnügung
und Belehrung ...**
Fernsehen als Kulturwirklichkeit
ISBN 3-7201-5211-1   14,-

Mensing, Wilhelm
Maulwürfe im Kulturbeet
DKP-Einfluß in Presse, Literatur
und Kunst
ISBN 3-7201-5156-5   14,-

Piel, Edgar
Wenn Dichter lügen ...
Literatur als Menschenforschung
ISBN 3-7201-5208-1   14,-

Reuhl, Günter
Kulturgemeinschaften
Vom Kräfteverhältnis zwischen
Ideen und Institutionen
ISBN 3-7201-5217-0   14,-

Roegele, Otto B.
Neugier als Laster und Tugend
ISBN 3-7201-5142-5   14,-

Rüegg, Walter, Hrsg.
Konkurrenz der Kopfarbeiter
Universitäten können besser sein:
Ein internationaler Vergleich
ISBN 3-7201-5182-4   14,-

Schult, Gerhard
**Medienmanager oder
Meinungsmacher?**
Vom Verwalten zum Stimulieren
Das Beispiel: öffentlich-rechtlicher
Rundfunk
ISBN 3-7201-5209-X   14,-

Seel, Wolfgang
Bildungs-Egoismus
Alle wollen mehr
ISBN 3-7201-5180-8   14,-

Zec, Peter
Informationsdesign
Die organisierte Kommunikation
ISBN 3-7201-5210-3   14,-

Eberlein, Gerald L.
Maximierung der Erkenntnisse ohne sozialen Sinn?
Für eine wertbewußte Wissenschaft
ISBN 3-7201-5206-5   14,-

Hammer, Felix
Selbstzensur für Forscher?
Schwerpunkte einer Wissenschaftsethik
ISBN 3-7201-5162-X   14,-

Illies, Joachim
Theologie der Sexualität
Die zweifache Herkunft der Liebe
ISBN 3-7201-5135-2   14,-

Kienle, Paul, Hrsg.
Wie kommt man auf einfaches Neues?
Der Forscher, Lehrer,
Wissenschaftspolitiker
und Hobbykoch
Heinz Maier-Leibnitz
ISBN 3-7201-5232-4   22,-

Lindner, Roland, Hrsg.
Einfallsreiche Vernunft
Kreativ durch Wissen oder Gefühl?
ISBN 3-7201-5223-5   14,-

Lindner, Roland
**Technik zweite Natur
des Menschen?**
ISBN 3-7201-5234-0   14,-

Maier-Leibnitz, Heinz
Der geteilte Plato
Ein Atomphysiker zum Streit
um den Fortschritt
ISBN 3-7201-5138-7   14,-

Maier-Leibnitz, Heinz
Lernschock Tschernobyl
ISBN 3-7201-5191-3   14,-

Malunat, Bernd M.
Weltnatur und Staatenwelt
Gefahren unter dem Gesetz
der Ökonomie
ISBN 3-7201-5213-8   14,-

Rühl, Walter
Energiefaktor Erdöl
In 250 Millionen Jahren entstanden —
nach 250 Jahren verbraucht?
ISBN 3-7201-5216-2   14,-

Schmied, Gerhard
Religion — eine List der Gene?
Soziobiologie contra Schöpfung
ISBN 3-7201-5219-7   14,-

Wulffen, Barbara von
Lichtwende
Vorsorglicher Nachruf auf die Natur
ISBN 3-7201-5178-6   14,-

Die Reihe wird fortgesetzt. Fordern Sie Informationsmaterial an.

Verlag A. Fromm, Postfach 19 48, D – 4500 Osnabrück
Edition Interfrom, Postfach 50 05, CH – 8022 Zürich